Révision : Caroline Yang-Chung
Infographie : Johanne Lemay

Les photos de ce livre sont de IStock, à l'exception
de celles des pages suivantes : 12 (Serge Ménard),
154 (Joëlle Tremblay), 168 (Ghyslain Vallières).

**Catalogage avant publication de Bibliothèque et Archives
nationales du Québec et Bibliothèque et Archives Canada**

Vallières, Suzanne

Les psy-trucs : pour les enfants de 0 à 3 ans

1. Éducation des enfants. 2. Tout-petits - Psychologie.
3. Nourrissons - Psychologie. I. Titre. II. Collection.

HQ774.5.V34 2008   649'.122   C2008-940110-7

Gouvernement du Québec – Programme de crédit d'impôt
pour l'édition de livres – Gestion SODEC –
www.sodec.gouv.qc.ca

L'Éditeur bénéficie du soutien de la Société de développement des entreprises culturelles du Québec pour son
programme d'édition.

Le Conseil des Arts du Canada
The Canada Council for the Arts

Nous remercions le Conseil des Arts du Canada de l'aide
accordée à notre programme de publication.

Nous reconnaissons l'aide financière du gouvernement
du Canada par l'entremise du Fonds du livre du Canada
pour nos activités d'édition.

08-11
© 2008, Les Éditions de l'Homme,
division du Groupe Sogides inc.,
filiale de Quebecor Media inc.

Dépôt légal : 2008
Bibliothèque et Archives nationales du Québec

ISBN 978-2-7619-2459-7

DISTRIBUTEURS EXCLUSIFS :

• Pour le Canada et les États-Unis :
MESSAGERIES ADP*
2315, rue de la Province
Longueuil, Québec J4G 1G4
Tél. : 450 640-1237
Télécopieur : 450 674-6237
Internet : www.messageries-adp.com
* filiale du Groupe Sogides inc.,
   filiale de Quebecor Media inc.

• Pour la France et les autres pays :
INTERFORUM editis
Immeuble Paryseine, 3, Allée de la Seine
94854 Ivry CEDEX
Tél. : 33 (0) 1 49 59 11 56/91
Télécopieur : 33 (0) 1 49 59 11 33
Service commandes France Métropolitaine
Tél. : 33 (0) 2 38 32 71 00
Télécopieur : 33 (0) 2 38 32 71 28
Internet : www.interforum.fr
Service commandes Export – DOM-TOM
Télécopieur : 33 (0) 2 38 32 78 86
Internet : www.interforum.fr
Courriel : cdes-export@interforum.fr

• Pour la Suisse :
INTERFORUM editis SUISSE
Case postale 69 – CH 1701 Fribourg – Suisse
Tél. : 41 (0) 26 460 80 60
Télécopieur : 41 (0) 26 460 80 68
Internet : www.interforumsuisse.ch
Courriel : office@interforumsuisse.ch
Distributeur : OLF S.A.
ZI. 3, Corminboeuf
Case postale 1061 – CH 1701 Fribourg – Suisse
Commandes :   Tél. : 41 (0) 26 467 53 33
                        Télécopieur : 41 (0) 26 467 54 66
                        Internet : www.olf.ch
                        Courriel : information@olf.ch

• Pour la Belgique et le Luxembourg :
INTERFORUM BENELUX S.A.
Fond Jean-Pâques, 6
B-1348 Louvain-La-Neuve
Tél. : 32 (0) 10 42 03 20
Télécopieur : 32 (0) 10 41 20 24
Internet : www.interforum.be
Courriel : info@interforum.be

SUZANNE VALLIÈRES

Les Psy-trucs

pour les enfants
de 0 à 3 ans

LES ÉDITIONS DE
L'HOMME

Une compagnie de Quebecor Media

Remerciements

Un merci tout spécial à Michel Lavoie pour sa précieuse collaboration et ses judicieux conseils tout au long de l'écriture de ce livre.

Merci pour ton soutien et ta grande disponibilité.

Très affectueusement,
Suzanne

*Je dédie mon premier livre à Gabrielle,
Louis-Alexandre et Antoine qui me donnent
la chance d'entendre à chaque jour
ce merveilleux mot:
«Maman».*

Vous êtes ma plus grande fierté!!

*Avec Amour,
Maman*

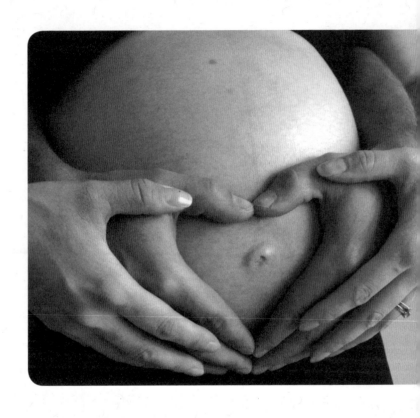

L'intra-utérin :

le début d'une belle aventure !

Devenir enceinte... toute une aventure !

La grossesse représente une aventure unique dans la vie d'une femme. Elle occasionne des bouleversements physiques et émotionnels très intenses. Qui plus est, c'est une aventure qui est partagée en fusion avec ce petit être qui habite en nous, qui se développe peu à peu et qui prend graduellement une place de plus en plus importante dans notre vie.

La grossesse est également l'occasion d'établir un lien privilégié avec le bébé. Cette relation s'établit progressivement et prend un sens tout particulier à partir du 5e mois, période où la présence de celui qui cohabite avec nous se fait sentir plus concrètement et où les liens qui unissent le bébé et la mère s'intensifient.

Est-ce qu'il peut entendre ou ressentir des choses ?

Toutes les recherches récentes prouvent que le bébé a des capacités étonnantes *in utero* qu'il ne faut surtout pas sous-estimer, et ce, **surtout à partir du 4e mois de grossesse.** Il entend, il sent les contacts/caresses et il aurait même une capacité de mémorisation.

Dès le 4e mois, le bébé est capable d'entendre les bruits extérieurs et intérieurs, surtout les sons graves. Les gargouillis, la voix de sa mère, de son père, une chanson répétée... Bébé perçoit tous ces stimuli. D'ailleurs, lorsque c'est le cas, on observe que son rythme cardiaque s'accélère et qu'il se met à bouger ! Son cerveau est en pleine évolution et ces stimuli aident les neurones à s'activer. Plusieurs recherches indiquent qu'une bonne stimulation intra-utérine augmente le potentiel intellectuel des enfants !

Des recherches ont aussi démontré qu'à la fin de la grossesse, le bébé préfère le bruit au silence, les voix aux bruits, les voix féminines aux voix masculines et, avant tout, la voix de sa mère.

Le bébé exerce aussi beaucoup le sens du toucher. Il s'agrippe au cordon ombilical, il donne des coups de pied contre les parois de l'utérus pour se propulser. Il réagit tout spécialement quand la mère ou le père passe sa main sur le ventre : pour lui, c'est un toucher caractéristique réconfortant, un moyen d'entrer en communication qui est très sécurisant.

Finalement, les recherches indiquent que le fœtus réagit aux émotions de la mère, qu'il peut parfois les percevoir. Il préfère la gaieté à la tristesse et à la colère. Les émotions très intenses sur de longues périodes (deuil, séparation, etc.) peuvent d'ailleurs marquer le développement du fœtus.

Bref, on le savait depuis nombre d'années : le fœtus possède une vie sensorielle. Aujourd'hui, on s'aperçoit de plus en plus qu'il a aussi une vie relationnelle et affective.

Comment entrer en relation avec lui ?

Tous les moyens d'entrer en communication avec le bébé permettent de tisser des liens affectifs sécurisants, de le stimuler et d'établir une relation basée sur l'amour et la tendresse, ce que tout parent recherche lors de la grossesse.

Parmi ces moyens de communication, on retrouve :

Les paroles et les sons

L'ouïe est probablement le sens le plus développé chez le fœtus. Toutes les recherches démontrent qu'il perçoit les sons (surtout les sons graves) : son rythme cardiaque s'accélère et il se met à bouger.

C'est encore plus évident pour la voix de la mère. Le bébé est logé dans un environnement qui résonne ou vibre au son de la mère. Il perçoit donc ces sons accompagnés des vibrations corporelles très tôt, d'abord par le biais de sa peau (qui constitue sa «première oreille») à partir de la 7e semaine, puis par son ouïe, qui serait fonctionnelle à partir du 4e mois de grossesse.

Les sons arrivent donc jusqu'à l'enfant, et ce, probablement à sa plus grande joie ! Les parents n'ont donc pas à se sentir gênés de lui parler aussi souvent que possible !

Le chant maternel

Il est évident que le chant maternel est un moyen de communication ou de stimulation qui surpasse celui des sons ou de la voix puisqu'une communication émotionnelle peut également être établie. Ses bienfaits réconfortants sont importants (tant pour la mère que pour l'enfant !) et aident à développer un climat de détente, de confiance et de bien-être.

Le chant maternel permet également de stimuler la mémoire affective de l'enfant. D'ailleurs, après la naissance, bien des enfants reconnaissent les airs que leur mère avait l'habitude de chanter lors de la grossesse et cesseront même de bouger, étant soudainement épris d'un bien-être familier !

Ces mêmes airs peuvent aussi être utilisés au moment du bain ou du boire, au moment de le consoler ou de l'endormir : cela ne pourra qu'aider à obtenir rapidement le calme et le bien-être recherchés !

La musique ou l'effet Mozart

Tout comme pour les sons et les chants maternels, la musique est un moyen reconnu d'entrer en communication ou du moins de stimuler notre bébé à l'intra-utérin. On parle souvent de l'*effet Mozart*.

Bien que le choix des œuvres de Mozart plus particulièrement (ou exclusivement) soit contesté, de nombreuses études indiquent que la musique, si elle est soigneusement sélectionnée, peut avoir un effet bénéfique à l'intra-utérin :

* stimulation des capacités créatrices de l'hémisphère droit du cerveau ;
* réduction du stress et de la tension ;
* diminution du rythme cardiaque, de la pression sanguine et de la température du corps.

La musique devient donc une autre forme de stimulus pour notre bébé qui est sûrement plus efficace que le silence !

L'haptonomie : les caresses et le toucher

Le toucher est un des premiers sens développés chez le fœtus, sens sollicité par les multiples mouvements intra-utérins (liquide amniotique, cordon ombilical, paroi de l'utérus...).

À partir du 4e mois, il réagit tout particulièrement à la stimulation provenant de l'extérieur et pourra vous répondre par un petit coup de pied vers 6 à 9 mois de grossesse.

Les caresses des parents deviennent alors un excellent moyen d'entrer en communication avec le bébé. C'est d'ailleurs ce que préconise l'haptonomie.

L'haptonomie est la science du toucher affectif (un contact accompagné d'amour et de tendresse). Elle fut créée par Frans Veldmann et est très répandue en France. Cette méthode consiste à créer un lien unique avec l'enfant par des contacts avec les mains et des pressions délicates sur le ventre de la mère. Avec un peu d'entraînement, le bébé sentira les mains se poser sur le ventre de maman, y répondra et les suivra si elles se déplacent !

L'haptonomie est également un moyen privilégié et intéressant pour le père d'entrer en communication et d'établir une forme de complicité avec le bébé.

Les psy-trucs

1. Prendre conscience que le bébé perçoit les sons et les caresses à l'intra-utérin (surtout à partir du 4ᵉ mois).

2. Lui parler : il ressent la voix maternelle dès la 7ᵉ semaine (vibrations) et l'entend dès le 4ᵉ mois !

3. Lui chanter des berceuses (qu'il reconnaîtra probablement après la naissance !).

4. Favoriser l'écoute de la musique (c'est mieux que le silence !).

5. Pratiquer les caresses (avec papa aussi !) : c'est le début d'une belle complicité !

6. Prendre soin de soi et favoriser une grossesse sereine et harmonieuse que l'enfant percevra et appréciera !

Devenir parent :
une nouvelle vie qui commence !

Les questions que tout parent se pose :

* Comment se préparer à l'arrivée du nouveau-né ?
* Quel est l'impact du nourrisson sur notre vie ?
* Que faire lorsqu'on se sent dépassé ?

La majorité des couples aspirent un jour à être parents. On n'apprend pas à être parent du jour au lendemain et il faut prévoir que l'arrivée d'un enfant va complètement transformer notre vie. Mieux vaut donc s'y préparer adéquatement !

Comment se préparer à l'arrivée du nouveau-né ?

Avant tout, il serait important de prendre le temps de savourer, de célébrer cette nouvelle en couple. Sachant que c'est l'annonce d'une vie qui sera complètement transformée dans quelques mois, il serait sain d'en profiter pour refaire le plein d'énergie, apporter un peu de stabilité dans son environnement et se retrouver en tant que couple (voyage, weekend) afin d'être prêt à vivre non seulement la grossesse, mais aussi la naissance le plus sereinement possible.

On peut ensuite plonger dans les préparatifs proprement dits qui permettront de rendre cette aventure plus facile pour nous et notre bébé. Voici quelques petits conseils :

* Ne pas attendre à la dernière minute pour préparer l'arrivée du nouveau-né (en cas, par exemple, de naissance prématurée).
* Commencer tôt l'achat des éléments indispensables pour accueillir le bébé : mobilier, vêtements, table à langer, poussette, siège d'auto... Cela permet de réduire le stress lié au choix de ces éléments, qui sont nouveaux pour nous (sur lesquels il faudra se renseigner, comparer...), et de procéder aux achats dans les meilleures conditions possibles.

* Discuter progressivement des prochaines étapes : naissance, allaitement, nom du bébé, garderie/gardienne, organisation familiale...
* Préparer des repas à l'avance.
* Aménager la chambre du bébé à l'avance (et sans pression).
* Faire de la lecture, se renseigner sur ce qui nous attend : la naissance, les soins, l'éducation, les nuits blanches... Cela nous permet de nous préparer mentalement à faire face aux difficultés qui nous attendent en tant que nouveaux parents et de les surmonter plus facilement.

Quel est l'impact du nourrisson sur notre vie ?

L'arrivée d'un enfant transforme complètement notre vie personnelle et notre vie de couple. C'est une étape-choc. On a beau en entendre parler, s'y préparer, lire sur le sujet, tant que l'on ne le vit pas, on ne réalise pas à quel point ce petit bébé nécessitera du temps, de l'énergie et de l'adaptation. On ne réalise pas non plus à quel point ce petit être prendra une place importante dans notre vie et nous apportera fierté, joie et bonheur.

Malgré toutes les gratifications qui viendront avec l'arrivée de l'enfant, les premiers mois suivant la naissance représentent une période intense sur le plan de l'organisation et de l'adaptation et amènent leur lot de questionnements et de difficultés telles que :

* les nuits blanches, la tension et la fatigue ;
* la pression des amis et de la famille sur les soins à apporter, sur la façon de s'occuper de l'enfant ;
* la crainte de ne pas répondre adéquatement aux besoins de l'enfant ;
* la peur qu'il arrive quelque chose au bébé (peur de le laisser tomber, angoisse par rapport à la mort subite du nourrisson...) ;

* les difficultés d'adaptation du père quant à son nouveau rôle et devant la relation mère-enfant si intense (symbiose), dont il peut se sentir exclu ;
* la perte de libido dans le couple (surtout chez la femme qui assume pleinement son rôle de mère et qui se sent comblée en tendresse par le bébé) ;
* le *baby blues* ou syndrome du troisième jour (mère) ;
* la dépression *post-partum* (mère).

Les parents réalisent également que leur enfant peut être différent et peut avoir des comportements ou réactions qui diffèrent de ce qu'ils avaient entendu ou lu auparavant. Les parents doivent donc s'adapter à ce nouveau poupon, apprendre à le connaître, s'informer et répondre à ses besoins individuels du mieux qu'ils le peuvent... Après tout, devenir parent est un apprentissage de longue haleine !

Que faire lorsqu'on se sent dépassé ?

Il est fréquent que certains parents s'inquiètent de ne pas être en mesure de répondre adéquatement aux besoins de leur enfant ou se sentent dépassés par les événements. Manque de confiance, découragement, sentiment d'être seuls, détresse, *baby blues* sont des réactions normales qui font justement partie du processus d'apprentissage de l'art d'être parent.

Devenir parent : une nouvelle vie qui commence !

Voici quelques pistes de solution qui peuvent nous aider à passer à travers :

Ne pas couper les liens avec l'extérieur

Il n'est pas souhaitable de couper les liens avec l'extérieur et de s'enfermer dans une « bulle familiale ». Bien des parents veulent vivre cette « symbiose » le plus intensément possible et vont ainsi limiter les contacts avec les amis et les parents, qui peuvent pourtant être une source de réconfort et de précieux conseils.

Ne pas hésiter à demander de l'aide

Il ne faut pas hésiter à demander du renfort pour les travaux quotidiens. Un nourrisson ne fait ses nuits qu'à 3 mois environ, parfois plus tard. Les courtes nuits empêchent bien souvent les parents de prendre le dessus sur les multiples travaux quotidiens. Ils se sentent débordés et fatigués. Il ne faut pas hésiter à accepter ou à demander de l'aide pour les tâches telles que le ménage, la lessive, la cuisine... L'embauche d'une aide ménagère serait peut-être souhaitable si le budget le permet. Retrouver un environnement sous contrôle, bien rangé et propre ne peut certainement qu'être bénéfique au moral des parents, qui pourront alors se concentrer plus sereinement sur les soins de leur enfant.

Se permettre des périodes « d'évasion »

Il ne faut pas hésiter à faire appel à des proches afin de faire des sorties sociales. Ces sorties permettront de rétablir l'équilibre entre sa vie sociale et sa nouvelle vie familiale. Ces moments d'évasion ne peuvent qu'aider à apprécier de nouveau le retour à la maison avec son poupon.

Aller prendre l'air à l'extérieur !

Essayer de passer un peu de temps à l'extérieur de la maison (prendre une promenade avec son enfant, etc.) sur une base régulière. Cela est particulièrement souhaitable quand les parents se sentent surmenés ou commencent à éprouver de la difficulté à garder le contrôle (lorsqu'un enfant ne cesse de pleurer, par exemple). L'air frais et la lumière naturelle sauront sûrement redonner de l'énergie et pourront même être apaisants, à la fois pour vous et votre enfant.

Prendre soin de sa santé

Devant les multiples soins et l'attention que le nouveau-né exige, certains parents ont tendance à tout sacrifier, y compris leur propre santé. Il est évident que des parents épuisés ou malades ne pourront être à la hauteur. Il est donc important de rester à l'écoute de ses propres besoins et de profiter de toutes les occasions qui se présentent afin de récupérer un peu de sommeil ou de prendre soin de son bien-être... au détriment du ménage ou des tâches quotidiennes s'il le faut !

Accepter ses limites et éviter les objectifs trop élevés

Bien des parents sont exigeants envers eux-mêmes, veulent absolument le meilleur ou désirent que tout soit parfait (que leur enfant fasse ses nuits à 2 mois, qu'il marche à 10 mois, qu'il soit propre à 12 mois...). En fixant la barre si haute, il y a risque de créer une pression inutile, à la fois sur eux et sur leur enfant, et d'être parfois déçus. Des attentes ou objectifs trop élevés risquent de créer un sentiment d'incompétence parental injustifié.

Puisque être parent est un apprentissage continu, il faut prendre conscience des limites de chacun et simplement essayer de toujours faire de son mieux, comme parent !

Demander de l'aide professionnelle si requis

Il faut comprendre et accepter que certaines situations de détresse importantes puissent justifier une demande d'aide professionnelle (psychologue, médecin, infirmière, etc.), telles que :

* la dépression *post-partum* (à ne pas confondre avec le *baby blues*) ;
* les bébés hypersensibles et particulièrement difficiles, inconsolables ;
* les situations de crise dans le couple (conflits, difficultés d'adaptation).

Il faut donc prendre conscience que le rôle des parents est principalement d'être à l'écoute de leur enfant, de répondre à ses besoins et, surtout, de se laisser du temps pour s'adapter. Être parent ne se fait pas du jour au lendemain. Comme tout nouvel apprentissage, il y a des moments agréables et d'autres plus difficiles. Il s'agit de prendre les choses un jour à la fois et de profiter pleinement des petits bonheurs que notre nouveau rôle nous procure, un rôle qu'il faut apprivoiser tout doucement !

Les psy-trucs

1. Organiser la maison (chambre, etc.) et faire l'achat des articles nécessaires bien à l'avance ; cela permet de réduire le stress.

2. Profiter de la grossesse pour se documenter sur ce qui nous attend (soins, éducation...).

3. Ne pas hésiter à demander ou à accepter de l'aide, ou à consulter les proches.

4. Sortir à l'extérieur (prendre de l'air ou faire des sorties sociales).

5. Ne pas hésiter à demander de l'aide professionnelle au besoin (médecins, infirmière, psychologue...).

Le rôle du père :

comment trouver sa place ?

Les questions que tout parent se pose :

* **Quel est le rôle du père ?**
* **Pourquoi est-il si difficile pour la mère « céder sa place » ?**
* **La symbiose mère-enfant : quelle est la place du père dans tout cela ?**

Le rôle du père a considérablement changé depuis quelques décennies. Alors qu'il était confiné dans l'image du soutien de famille et de l'autorité, il est maintenant établi qu'il a également un rôle important à jouer dans le développement et l'épanouissement de l'enfant. On parle aujourd'hui de « nouveaux pères ».

Quel est le rôle du père ?

Le rôle du père a longtemps été celui de pourvoyeur et de figure d'autorité, alors qu'aujourd'hui, il est beaucoup plus élargi et prend une importance de plus en plus reconnue. Ces « nouveaux pères » s'impliquent beaucoup plus dans la vie des enfants, s'intéressant davantage à leur éducation et aux soins qui leur sont apportés. Ils sont également moins détachés et distants, plus attentifs et plus affectueux envers eux. En fait, ils ont su seconder les mères, prenant même des congés parentaux afin de s'occuper de leurs enfants.

Les pères prennent donc une place très importante, un rôle non pas secondaire, mais *complémentaire* à celui de maman, et veulent instaurer une relation affective avec leur enfant. D'ailleurs, il est démontré que la présence paternelle a toute son importance dans la vie du bébé, dès sa naissance. Avant même de voir le visage de papa, notre bambin sent sa présence masculine : contact physique, odeur, voix... Il établit donc rapidement une relation affective, un attachement qui ne peut qu'être bénéfique.

Le rôle du père : comment trouver sa place ?

Le père joue un rôle important dans le développement de l'enfant, et ce, sur plusieurs plans :

Rôle de détachement symbolique mère-enfant

Dès sa naissance, l'enfant ressent la présence masculine du père, ce qui lui permet d'entrer en contact avec un modèle différent.

Par sa présence et son implication, le père contribue progressivement à réduire l'intensité de la relation fusionnelle mère-enfant. Bien qu'elle soit souhaitable et normale, cette fusion ou symbiose mère-enfant doit naturellement et progressivement s'estomper afin d'éviter les dangers de la surprotection et permettre du même coup à l'enfant de se développer, de bâtir sa propre identité et son sens de l'autonomie.

Modèle masculin

Il est bien évident que le père occupe une place importante tout au long du développement de l'enfant en tant que **modèle masculin** (surtout pour les garçons). Il est un modèle d'identification pour le garçon, une référence sur laquelle l'enfant se basera : il cherchera à lui ressembler. Pour la fille, le père peut devenir l'idéal masculin, le modèle qu'elle recherchera à l'adolescence !

Autorité

Le rôle traditionnel de figure d'autorité, bien qu'allégé, demeure. Cette autorité, exercée conjointement avec la mère, permet de transmettre à l'enfant les règles de vie et l'encadrement nécessaire au bon développement de son sentiment de sécurité affective. Ce rôle est également primordial pour la socialisation de l'enfant.

Rôle d'ouverture ou de socialisation

Il est prouvé que la présence du père a une influence positive sur la personnalité de l'enfant. Il le prépare plus efficacement à s'aventurer dans le monde extérieur.

Le père a évidemment une façon différente (et complémentaire) d'entrer en relation avec les enfants : il les taquine plus, les confronte davantage, il est plus enclin aux jeux physiques, aux luttes simulées, aux chatouilles, il est plus ouvert à l'exploration, aux risques... Cette approche différente pousse l'enfant à s'adapter à la nouveauté et lui permet de faire face à de nouvelles réalités, ce qui ne peut que l'aider à se développer, à s'affirmer, à intégrer les règles sociales, bref, à s'adapter à un monde en constante évolution.

... et dans le quotidien

Ces « nouveaux pères » participent volontiers aux soins et aux tâches journalières : la routine du dodo, la lecture, les couches, les biberons, les moments de réconfort, les câlins, les jeux... Ils ont su prendre un rôle complémentaire et l'importance de leur participation n'est plus remise en cause.

Pourquoi est-il si difficile pour la mère de « céder sa place » ?

Il était jadis préconisé que le père s'implique auprès du nourrisson surtout à partir de 18 mois, qu'il y avait un « âge de la mère », puis un « âge du père ». On constate aujourd'hui que ce n'est pas le cas et que l'implication du père est souhaitable, et ce, le plus tôt possible. Malgré la bonne volonté de bien des papas, certaines mamans ont de la difficulté à leur laisser de la place, « leur » place.

Il n'est pas toujours facile pour une mère de laisser s'établir une certaine distance avec son enfant puisque pendant les 9 mois de la grossesse (tout comme pendant les mois suivants), sa vie aura été orientée ou dirigée en fonction du bébé. Normal qu'elle soit hostile (même inconsciemment) à laisser aller sa relation d'« exclusivité » avec le bébé... même au profit du papa !

Cette réticence peut donc être un moyen de défense ou une réaction face au bris progressif de la symbiose avec l'enfant. En fait, le père est souvent perçu comme le premier élément de « coupure » vers l'extérieur : celui qui coupe le cordon ombilical, geste symbolique indiquant la fin de ce lien étroit entre la mère et « son » enfant. Ce sentiment de séparation ou de vide ressenti par certaines mères peut alors expliquer cette difficulté à laisser le père prendre une place plus importante auprès du nouveau-né. Cette réticence peut également s'exprimer par la difficulté à accepter que le père fasse les choses différemment d'elle !

La symbiose mère-enfant : quelle est la place du père dans tout cela ?

La mère a une longueur d'avance sur le père, et cela débute lors de la grossesse. Cette grossesse n'est évidemment pas vécue de la même façon par le père et la mère. Le père a beau être très présent et apporter son soutien, il ne vit pas la symbiose qui s'installe entre la mère et « son » enfant. L'enfant fait partie intégrante du corps de la mère lors de la grossesse et cela fait toute la différence !

Bien qu'il soit reconnu que la relation mère-enfant est unique et importante, cela ne doit pas constituer un obstacle à l'implication du père. Plus le père s'impliquera tôt, plus il lui semblera facile de prendre sa place et d'assumer son rôle adéquatement. Il faut donc qu'il commence dès la grossesse (cours prénataux, échographie, accouchement, présence rassurante lors des premières semaines, des premiers mois...). Tout cela aidera le père à prendre la place qui lui revient et à bâtir rapidement un lien d'attachement père-bébé significatif. Cette belle relation constituera une base solide pour les années à venir, de l'enfance jusqu'à l'adolescence... et plus encore !

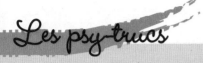

Les psy-trucs

1. Prendre conscience que le père a un rôle important à jouer *dès la naissance* (complémentaire à celui de la mère).

2. Multiplier les occasions pour le père de s'occuper de son enfant.

3. Réaliser que le modèle masculin est essentiel à l'enfant.

4. Respecter que le père entre en relation d'une façon différente (bataille, lutte, plaisanteries).

Le fameux baby blues:

comment s'en sortir?

Les questions que tout parent se pose :

* **Qu'est-ce que le *baby blues* ?**
* **Quels sont les symptômes ?**
* **Est-ce que toutes les femmes ressentent ces émotions ?**
* **Quelles sont les causes qui nous amènent à vivre le *baby blues* ?**
* **Comment fait-on pour s'en sortir ou rester zen ?**

Mettre un enfant au monde est une expérience unique, intense et remplie d'émotions. Après l'accouchement, il arrive parfois que les mères se sentent tristes, seules, fatiguées, irritables.

Qu'est-ce que le *baby blues* ?

Le *baby blues* (ou syndrome du troisième jour) est le nom donné à ce mal-être passager et très fréquent qui survient après la naissance du bébé (dans les 3 à 10 jours suivant l'accouchement). Ce n'est pas une maladie, mais une conséquence naturelle d'une baisse importante du taux de certaines hormones Les mères ne doivent donc pas se culpabiliser d'être dans cet état qui devrait disparaître graduellement avec le temps.

Le *baby blues* se différencie de la dépression *post-partum*, qui est moins fréquente et plus grave (bien que 10 à 20 % des *baby blues* se transforment en dépression).

Quels sont les symptômes ?

Les symptômes du *baby blues* s'apparentent souvent à ceux de la dépression :

Irritabilité

Pleurs fréquents
Angoisse (par rapport au bébé)
Tristesse
Fatigue extrême
Perte de motivation
Hypersensibilité
Anxiété
Insomnie

Dans la plupart des cas, ces symptômes vont disparaître en quelques jours. Si, par contre, cela se prolonge au-delà d'une quinzaine de jours, il faut être prudent et envisager de consulter afin de s'assurer qu'il ne s'agit pas d'une dépression, un état qui nécessite un soutien et un suivi.

Est-ce que toutes les femmes ressentent ces émotions ?

Selon certains chercheurs, environ 50 à 80 % des femmes ressentent les symptômes du *baby blues*. Ces symptômes vont normalement apparaître entre le 2e et le 10e jour après l'accouchement. Il est à noter que cet état n'est bien souvent que passager et dure généralement de 2 à 3 jours seulement (pouvant aller occasionnellement jusqu'à 1 ou 2 semaines).

Cet état est donc plus fréquent que certains le croient et est aussi une source de culpabilité importante chez les nouvelles mères. Après tout, ne devraient-elles pas être rayonnantes de bonheur avec un bébé dans les bras ?

Bien que le *baby blues* soit fréquent et passager, 10 à 20 % des femmes qui en sont affectées souffriront de ce qu'on appelle la dépression *post-partum*. Cette dépression se manifeste vers la 3e semaine et elle peut s'intensifier entre la 7e ou la 8e semaine. Il arrive souvent que cette forme de dépression ne soit pas diagnostiquée adéquatement. Pourtant, les conséquences sur la relation mère-enfant et le bon développement (psychologique et global) de l'enfant peuvent être importantes. Il est donc préférable de consulter rapidement.

Quelles sont les causes qui nous amènent à vivre le *baby blues* ?

Les causes peuvent être multiples, mais on peut les classer en deux grandes catégories : physiques et psychologiques.

Causes physiques

Le *baby blues* peut être le résultat d'une baisse importante du taux de certaines hormones telles que l'œstrogène et la progestérone, qui sont présentes en forte concentration durant la grossesse. Ce bouleversement hormonal est suffisant pour provoquer toute une gamme d'émotions inhabituelles chez la mère.

La grossesse et l'accouchement représentent des périodes très éprouvantes et fatigantes pouvant provoquer le *baby blues*. La fatigue accumulée et le manque de sommeil fréquent (causés entre autres par les multiples besoins de l'enfant) ne prédisposent évidemment pas toujours nos jeunes mères à exercer leur rôle avec autant d'énergie qu'elles le voudraient bien !

Causes psychologiques

Le passage du statut de femme enceinte à celui de mère n'est pas toujours évident à gérer et plusieurs craignent de ne pas pouvoir assumer les nouvelles responsabilités qui viennent avec ce nouveau rôle, surtout dans le cas d'un premier enfant. Elles deviennent particulièrement sensibles aux remarques ou aux critiques de l'entourage et développent parfois le sentiment de ne pas être une bonne mère ou de ne pas se montrer à la hauteur (peur de ne pas savoir s'occuper du bébé). Certaines éprouvent de la difficulté à s'adapter et font face au découragement. Dans de tels cas, il ne faut surtout pas hésiter à aller chercher de l'aide.

Bien sûr, les problèmes financiers, les relations de couple difficiles, la famille éloignée et l'âge de la mère peuvent aussi être des éléments déclencheurs.

Comment fait-on pour s'en sortir ou rester zen ?

D'abord, la prévention. Une des bonnes façons de faciliter le retour à la maison est de bien le préparer (avoir une chambre d'enfant prête, avoir un congélateur plein de plats cuisinés à l'avance, prévoir de l'aide de la famille, etc.).

Dans le cas du baby blues, *voici quelques moyens de s'en sortir :*

* Ne tentez pas de cacher votre état. Vous aurez alors plus de réconfort et de soutien.
* Visitez d'autres mères qui ont de jeunes enfants. Cela vous permettra de partager, d'échanger sur votre quotidien.
* Acceptez de l'aide de maman ou belle-maman (évitez de vous isoler).
* Centrez-vous sur les priorités. Ce n'est pas si grave si le ménage n'est pas fait tous les jours !
* Reposez-vous aussi souvent que cela est possible. Dormez pendant la sieste du bébé plutôt que de faire du lavage !

* Ne craignez pas de confier votre enfant de temps à autre. Cela vous permettra de vous accorder du temps pour vous ou avec votre conjoint (loisirs).
* Si vous êtes inquiète de votre santé, n'hésitez pas à en discuter avec votre médecin ou à consulter le CLSC, qui offre souvent des services postnatals intéressants.

Les psy-trucs

1. Parler ouvertement de ses craintes (conjoint, amie, etc.). Cela permet de mieux se préparer à toute éventualité.

2. Réaliser que le *baby blues* est très fréquent et que ce n'est pas honteux...

3. Ne pas se cacher et ne pas hésiter à demander du soutien et du réconfort à son entourage.

4. Se garder quelques moments de détente/loisirs (soirées, etc.) afin de se changer les idées.

5. Se reposer à toutes occasions (sieste du bébé...).

6. Consulter au besoin.

Le lien d'attachement

Les questions que tout parent se pose :

* Qu'est-ce que l'attachement ?
* Comment se développe le lien d'attachement ?
* Quelle est l'importance de ce lien d'attachement pour mon enfant ?
* Comment favoriser ce lien si précieux ?

En tant que nouveaux parents, nous avons tous eu l'occasion d'entendre des commentaires voulant que donner trop d'attention à un enfant, trop de réconfort à ses pleurs, le bercer trop souvent ou simplement répondre trop vite à ses besoins finissait par le « gâter ». Non seulement c'est totalement faux, mais il est prouvé que ces attentions et ces stimulations favorisent le développement de l'enfant et permettent de créer un lien essentiel à sa sécurité et sa confiance : le lien d'attachement.

Qu'est-ce que l'attachement ?

La relation d'attachement est ce lien d'affection intense qui se développe entre l'enfant et ses parents et qui lui permet de se sentir aimé, en confiance et, surtout, en sécurité. L'attachement est cette relation privilégiée qui se développe *dans les premières années* entre le parent et l'enfant (plus particulièrement de 6 mois à 2 ans).

Ce lien se développe graduellement en répondant adéquatement *aux besoins physiques et émotionnels* de notre enfant. Lorsque le processus est mené à bien, il est question d'un lien d'attachement sécure.

Lien d'attachement sécure

Lien qui se développe lorsque le bébé sent qu'il peut compter sur son parent (pour être sécurisé, consolé, réconforté...). L'enfant explore son environnement sans crainte, car il sait que maman veille sur lui. Il se manifeste un peu lorsqu'elle quitte la pièce et est très heureux lorsqu'elle revient, reprenant son exploration. Il montre peu de détresse quand il est séparé de ses parents et, lorsqu'il se sent en danger, il pleure pour les attirer et se calme par la suite quand ils réapparaissent. Les enfants bénéficiant d'un tel lien deviennent confiants et développent généralement une bonne estime d'eux-mêmes.

Lien d'attachement insécure

Lien d'attachement qui est plus fragile et qui peut être le résultat d'un manque de disponibilité du parent. L'attention est donnée à l'enfant, *mais pas de façon soutenue*. L'enfant développe alors une certaine inquiétude (anxiété) puisqu'il n'est pas sûr de pouvoir toujours compter sur le parent en cas de besoin. L'enfant a alors tendance à pleurer beaucoup si la mère s'en va et est difficilement consolable à son retour. Cette relation limite donc la capacité de l'enfant à se séparer de ses parents et à explorer son environnement parce qu'il ne se sent pas en sécurité.

Plus problématique encore est la situation du parent qui ne répond pas du tout aux besoins de l'enfant ou qui est agressif ou méprisant envers lui. Peu de sécurité ou confiance n'est établie. L'enfant développe alors des mécanismes de défense en évitant par exemple d'exprimer ses besoins ou ses émotions (l'évitement) et il ne montrera pas de préférences entre un étranger et ses parents.

Comment se développe le lien d'attachement ?

La clé d'un bon lien d'attachement (sécure) est la disponibilité des parents et leur sensibilité envers les besoins de l'enfant. Ce lien se développe graduellement de 0 à 2 ans.

De 0 à 3 mois

De 0 à 3 mois, le bébé exprime ses besoins aux personnes qui l'entourent (peu importe que ce soit ses parents ou non). Le parent, en répondant avec attention et réconfort à ces besoins, permettra à l'enfant de se sentir en confiance dans son environnement. C'est la base nécessaire à la construction d'un lien d'attachement.

De 3 à 9 mois

Peu à peu, l'enfant développera sa capacité de distinguer ses parents des autres (et de les préférer). Il reconnaîtra les personnes familières, sourira à papa, poussera un cri afin d'exprimer sa joie de voir maman ou devant ses jeux ou autres stimulations. Il commencera également à protester lorsque papa ou maman s'éloignent ou devant une personne qu'il ne reconnaît pas. Ses déplacements sont plus importants et il se mettra à la découverte de son environnement, tout en gardant un œil sur maman et en lui demandant même un petit câlin pour être rassuré ! C'est le début de l'attachement.

De 9 mois à 2 ans

Bébé commence à vouloir être plus « autonome » et il se bâtit une base de sécurité de plus en plus solide, ce qui lui permettra de s'éloigner plus facilement des parents : il osera davantage... sachant qu'il peut compter sur eux. À partir de 1 an, l'enfant s'affirmera de plus en plus. Ces nouveaux besoins exigeront plus d'encadrement des parents afin de bien lui faire comprendre les limites, les règles... C'est le début de la socialisation qui prendra toute son importance à partir de 3 ans !

Quelle est l'importance du lien d'attachement pour mon enfant?

La qualité du lien d'attachement est à la base du développement de l'enfant. C'est un processus primordial pour que celui-ci se développe de façon harmonieuse, dans la sécurité et la stabilité.

Plusieurs recherches indiquent qu'un bon lien parental a un impact sur le développement physique et émotionnel du bébé: meilleure prise de poids, résistance aux maladies, développement de la motricité... À plus long terme, ce lien favorise la confiance, la sécurité et l'estime de soi. L'enfant se sentira apprécié, aimé, désiré et sera donc plus confiant face au monde qui l'entoure, gage de succès sur le plan social.

Inversement, un enfant qui n'a pas eu le privilège d'établir un lien d'attachement de qualité en bas âge est souvent plus anxieux, agressif. Il sera assurément carencé affectivement et aura plus de difficulté à entrer en relation avec les gens.

Bref, un lien d'attachement de qualité est non seulement important, mais aura des conséquences tout au long de la vie de l'enfant et des parents: il augmente la qualité et l'intensité de notre relation avec notre enfant tout en constituant un bon investissement pour le type de relation que nous aurons plus tard avec lui lorsqu'il sera adolescent!

Plus encore, ce lien aura également un impact sur le genre de relation que le bébé, devenu adulte, aura avec ses propres enfants. C'est véritablement un bon investissement!

Comment favoriser ce lien si précieux?

On ne le dira jamais assez: l'attachement se développe *en passant du temps avec notre enfant* et en répondant à tous ses besoins.

Pour un bébé, cela signifie se faire bercer, se faire prendre, se faire consoler... Ce sont des besoins essentiels qu'il faut combler. Avant l'âge de 1 an, le bébé est dans une période très «fusionnelle» c'est-à-dire une période où il a un très grand besoin d'être en contact physique direct avec les parents. Par ses pleurs, il manifeste des besoins physiologiques bien réels. *Pas question de parler de caprices.* Les bébés pleurent parce qu'ils ont des besoins à combler et c'est à nous comme parents de reconnaître ces besoins (faim, angoisses, malaises, couche mouillée, fatigue, etc.).

Certains parents hésitent à toucher, à prendre ou à « déranger » leur bébé (qui est tranquille dans son siège) autrement que par nécessité (pour le boire, le bain...). Il est important de comprendre que les contacts physiques correspondent à un besoin réel chez les tout-petits. On sait que les nouveau-nés ne voient pas très bien et que leur sentiment de bien-être et de sécurité ne peut alors être comblé que par les multiples contacts physiques qu'ils recevront de la part des adultes autour d'eux. Ils ont besoin d'être caressés, bercés, cajolés et stimulés, puisqu'ils ne peuvent entrer en relation que par la voie sensorielle.

Certains enfants sont plus anxieux que d'autres et ont besoin de se faire prendre, réconforter ou de se faire bercer plus fréquemment. Ils n'en sont pas pour autant « capricieux ». Les parents doivent faire attention au mythe des enfants « gâtés ». Les laisser pleurer ne constitue pas une option valable. Ces enfants ont tout simplement des besoins plus élevés que d'autres. Il faut donc user de patience et de compréhension et tenter de répondre à leurs besoins.

Prendre notre enfant, le cajoler, lui chanter des berceuses, le bercer, lui raconter des histoires, jouer avec lui, le masser... Tous ces comportements permettront, au fil du temps, de tisser ce lien d'attachement si précieux. Répondre de façon constante, affectueuse et chaleureuse à ses besoins ne fera pas de lui un enfant « gâté » ou « capricieux », mais plutôt un enfant comblé qui saura qu'il est aimé et respecté et qui partira du bon pied dans la vie.

1. En bas âge surtout, favoriser les contacts physiques (bercer, stimuler, réconforter).

2. Répondre aux besoins de réconfort de l'enfant, à ses pleurs... Ce n'est pas du caprice !

3. Se rendre très disponible et attentif à ses besoins les premières années.

4. Prendre conscience que le lien d'attachement est la base essentielle au bon développement de notre enfant et qu'il aura un impact positif pour toute sa vie !

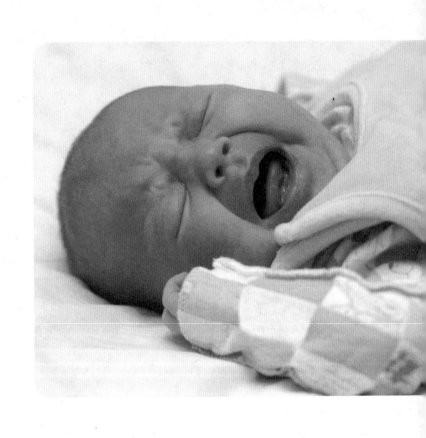

Les pleurs de notre bébé :

besoin ou caprice ?

Les questions que tout parent se pose :

* **Est-ce que mon enfant pleure par caprice ?**
* **Il y a plusieurs sortes de pleurs : comment les identifier ?**
* **Dois-je laisser mon enfant pleurer ?**
* **Je berce souvent mon bébé et certaines personnes me disent qu'il va devenir capricieux. Est-ce vrai ?**

Est-ce que mon enfant pleure par caprice ?

Avant l'âge de 1 an, le bébé est dans une période très «fusionnelle» c'est-à-dire une période où l'enfant a un très grand besoin d'être en contact physique direct avec ses parents. Par ses pleurs, il manifeste des besoins physiologiques bien réels. Pas question de parler de caprices. Les bébés pleurent parce qu'ils ont des besoins à combler et c'est à nous comme parents de trouver la signification de ces pleurs : faim, fatigue, peurs, couche mouillée, malaises ou besoin d'être sécurisés.

Certains enfants sont plus anxieux que d'autres et ont besoin de se faire prendre ou de se faire bercer plus souvent. Les parents doivent faire attention au mythe des enfants capricieux ou qui vont le devenir si nous répondons à leurs moindres pleurs ou demandes. Les conseils tels que «Laisse-le pleurer, il va arrêter tout seul» ou «Laisse-le pleurer, c'est juste du caprice» sont donc à laisser de côté !

Il y a plusieurs sortes de pleurs : comment les identifier ?

Pour exprimer ses demandes, le bébé dispose de tout un répertoire de pleurs qui vont du simple geignement au véritable cri de rage, en passant par des modulations diverses et variées. Même si chaque enfant est unique et possède ses propres intonations, il existe de grands types de cris ou pleurs qui semblent communs à tous les petits :

FAIM

Un son strident, suivi d'une inspiration. Puis, les sons repartent de plus belle... Le cri est bref, vigoureux, rythmé, et augmente en intensité à mesure que le bébé s'impatiente. Pour les parents, les cris de faim sont sans doute les plus faciles à identifier, même s'ils ne coïncident pas forcément avec les heures prévues pour les biberons. Ce sont aussi les plus fréquents. La faim est à l'origine de la plupart des pleurs de bébés au cours des premières semaines, en particulier la nuit.

La faim devient rapidement douleur et angoisse pour le bébé : elle doit vite être satisfaite. Donnez-lui le sein ou un biberon, même s'il a déjà bu. Rassurez-vous, un bébé ne boit jamais trop. Si la faim n'est pas à l'origine de ses pleurs, il détournera la tête ou fermera la bouche.

FATIGUE
Il est épuisé...

Cela commence par des pleurnichements sans cause apparente et finit par des cris et des mouvements du corps (le bébé se tortille, comme s'il n'arrivait pas à trouver une position apaisante). Si les cris de fatigue peuvent survenir à toute heure du jour, ils sont encore plus fréquents en fin de journée, lorsque la nuit arrive. Certains bébés pleurent également tous les soirs avant de s'endormir, surtout ceux qui auront eu une stimulation importante dans la journée (c'est le cas, par exemple, après une journée en visite...). Ce trop-plein de stimulation amène un niveau d'excitation difficile à libérer avant le dodo.

AFFECTION
Il a besoin de vous...

Ce sont des pleurs marqués par des temps de silence. Votre enfant s'ennuie peut-être ou veut se faire prendre : il a besoin d'un contact apaisant... et CE N'EST PAS DU CAPRICE ! Aussitôt que l'enfant sent que le parent s'approche, il se calme (de là *l'impression* d'une forme de manipulation... Mais ce n'est évidemment pas le cas!). L'enfant a un réel besoin d'être rassuré, d'être sécurisé, et c'est notre rôle d'y répondre. Le bébé a besoin de contacts avec ses parents ou a besoin de compagnie. Il a envie de se coller contre vous, dans vos bras, et de respirer votre odeur, sentir votre chaleur. Il recherche votre présence. Il veut peut-être que vous vous penchiez vers lui et que vous lui parliez.

DOULEUR
Il a mal...
Le cri de douleur est souvent vite repéré par les parents. S'il s'agit d'une douleur soudaine, il est perçant et aigu. Impossible de ne pas réagir immédiatement! La douleur chronique, elle, s'accompagne de geignements faibles mais réguliers. Votre bébé émet une plainte de petit animal blessé.

FÂCHÉ
Il est en colère...
Et Il veut que vous le sachiez, d'où ces cris particulièrement aigus, difficiles à supporter sur le plan acoustique et qui expriment une frustration intense. Il a faim et on ne lui propose pas assez vite un biberon. Il a envie de bouger et on l'immobilise de longues minutes sur la table à langer. Il en a assez d'être dans son lit et personne ne vient le chercher... D'une manière générale, un bébé se met en colère lorsqu'un de ses besoins n'est pas satisfait ou qu'il n'est pas compris par ses proches.

Peu importe le type, il est très important de toujours répondre aux pleurs de notre enfant, sinon il finira par croire que personne ne peut répondre à ses besoins et développera de l'insécurité. C'est donc à nous, comme parents, de demeurer calmes et de répondre aux pleurs (en le prenant, le berçant...), bref, de lui donner un sentiment de sécurité. Cette sécurité personnelle est importante pour son développement.

Dois-je laisser mon enfant pleurer ?

Certains parents tentent de régler leur « problème » en laissant l'enfant pleurer une ou deux nuits. Voyant qu'ensuite les pleurs ont cessé, ils croient avoir réglé le problème, mais cela s'est fait au détriment de l'enfant. Alors que ce dernier avait peut-être besoin de réconfort, de sécurité, personne n'est venu à lui. Ce besoin non comblé pourrait amener un certain degré d'insécurité chez l'enfant dans l'avenir.

Je berce souvent mon bébé et certaines personnes me disent qu'il va devenir capricieux. Est-ce vrai ?

Il ne faut pas hésiter, pendant qu'ils sont encore tout petits, à les prendre et à les bercer... Cette idée répandue qui voudrait qu'en prenant dans ses bras un bébé qui pleure ou en répondant systématiquement à ses appels, on en fasse un enfant capricieux est fausse. Le caprice n'existe pas chez les tout-petits. Cela suppose une structuration mentale qu'ils n'ont pas. Un bébé qui a envie d'être pris par ses parents et qui se calme dès qu'il est blotti contre eux n'est pas en train de faire un caprice. Il a simplement obtenu ce dont il avait besoin.

En comblant ses besoins, on ne peut qu'augmenter la qualité et l'intensité de notre relation avec notre enfant. C'est probablement aussi un bon investissement pour le type de relation que nous aurons plus tard avec lui lorsqu'il sera adolescent ! Prendre et bercer un enfant comblera donc un besoin important et ne fera pas de lui un enfant « gâté », mais plutôt un enfant *choyé* qui aura le sentiment d'être respecté et aimé et qui aura reçu l'essentiel pour bien démarrer dans la vie !

On sait que les nouveau-nés ne voient pas très bien et, par conséquent, leur sentiment de bien-être et de sécurité ne sera comblé que par les multiples contacts physiques qu'ils recevront de la part des adultes qui les entourent.

Les pleurs de notre bébé : besoin ou caprice ?

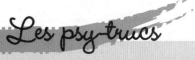

Les psy-trucs

1. Toujours aller consoler/sécuriser un enfant qui pleure.

2. Retenir que pleurs ou cris signifient besoin à combler (faim, douleur, fatigue, besoin d'affection...).

3. Tenter d'identifier le type de pleurs pour répondre à son besoin.

4. Répondre à ses besoins de sécurité en favorisant les contacts humains (le promener dans ses bras, le cajoler...).

5. Le bercer aussi souvent que l'on veut !

À quand
les nuits complètes ?

Les questions que tout parent se pose :

* **Pourquoi se réveille-t-il tant la nuit ?**
* **Quand fera-t-il la différence entre le jour et la nuit ?**
* **À quel âge fera-t-il ses nuits ?**
* **Dois-je le laisser pleurer ou aller le consoler ?**

Pourquoi se réveille-t-il tant la nuit ?

Pour les nouveaux parents, les nuits courtes sont sans aucun doute l'aspect le plus difficile de l'arrivée d'un nouveau-né. Même si on le sait d'avance et qu'on s'y prépare pendant toute la durée de la grossesse, cela demeure une expérience parfois bien pénible pour les parents. Naturellement, ces nuits écourtées finissent par avoir des conséquences sur le niveau de patience et d'énergie des nouveaux parents... tout comme sur leur humeur !

Tous les nouveau-nés se réveillent la nuit, sans exception. Ils ont un cycle de sommeil bien différent du nôtre. Il n'est pas évident pour un nouveau-né qui a passé les derniers mois dans un monde utérin confortable et bien au chaud de soudainement modifier son cycle de sommeil et bien saisir les particularités de notre rythme de vie, n'est-ce pas ? Il faut donc faire preuve de patience et leur laisser le temps de s'adapter !

Leur horloge biologique est programmée pour trouver le sommeil sur des cycles de 3-4 heures, sans se soucier du reste ! Un sommeil d'environ 6 heures consécutives est considéré comme une nuit complète (malheureusement pour les parents, ce n'est pas très fréquent !). Les parents doivent donc s'adapter à l'horaire du bébé et non l'inverse. Il faut bien comprendre que le fait qu'un bébé « fasse ses nuits » ou se réveille toutes les 2 heures n'est pas relié à la compétence des parents. Chaque enfant a ses particularités et, de toute façon, rien n'est acquis : il peut très bien faire de belles nuits pendant quelques jours et recommencer à se réveiller par la suite. Cela peut être le cas lors d'une poussée de croissance, d'une percée de dents, de malaises temporaires, etc.

Bref, il faut être patient et se souvenir que notre enfant ne fait pas encore la distinction entre le jour et la nuit. En attendant qu'il y parvienne, mieux vaut profiter de toutes les occasions de récupérer et peut-être se permettre de petites siestes pendant qu'il dort !

Quand fera-t-il la différence entre le jour et la nuit ?

Ce n'est que vers l'âge de 6 mois que le bébé fera la différence entre le jour et la nuit et c'est un apprentissage de longue haleine. Il faut se rappeler qu'il y a à peine quelques mois, ce bébé vivait dans le monde intra-utérin où aucune notion de temps, aucun repère n'existaient tels qu'à l'extérieur. Ce sont donc des notions qu'il devra acquérir au fil du temps.

Notre enfant va donc progressivement trouver des repères grâce aux événements réguliers ou routiniers de la journée. La routine est importante dans ce processus (voir le chapitre « Le rituel du dodo », page 81) et constitue la base de sa vie. Les jeux suivis du boire, d'un bon bain chaud puis du moment de détente et de réconfort dans les bras de papa ou maman avec lumière tamisée est un exemple de routine qui favorisera sa compréhension que l'heure du dodo *de nuit* approche !

La stimulation fournie pendant le jour permettra également de réduire les périodes de sommeil. En fait, l'environnement autour de notre bambin deviendra de plus en plus une source de stimulations ou d'excitations, ce qui réduira naturellement la fréquence ou la durée des dodos.

Il serait peut-être également souhaitable de créer un environnement différent pour la sieste du jour : laissez la lumière du jour pénétrer dans la pièce et ne vous empêchez donc pas de vaquer à vos occupations afin de chercher le silence total à tout prix ! Cela ne peut que l'aider à faire la distinction et à s'adapter. Tranquillement, il va associer ces bruits familiers au jour et le silence à la nuit.

À quel âge fera-t-il ses nuits ?

Les bébés se réveillent régulièrement afin de combler des besoins essentiels tels que s'alimenter. Alors que pendant la grossesse, on nourrissait notre petit trésor sur une base continue (par le cordon ombilical), on tente maintenant de lui imposer un rythme plus distancé. Pas surprenant qu'il veuille parfois le faire plus souvent qu'on le voudrait... même en plein milieu de la nuit !

Notre bébé commencera à faire ses nuits lorsque ce besoin de boire diminuera, ce qui varie beaucoup d'un enfant à l'autre. Il est donc difficile de donner un âge précis, mais on peut penser que 3 ou 4 mois est une estimation réaliste. Rappelez-vous cependant qu'une nuit de sommeil représente 5 à 6 heures d'affilée pour un bébé et non une nuit de 12 heures !

Dois-je le laisser pleurer ou aller le consoler ?

Bien que certains pédiatres ou autres professionnels prônent un minimum d'interventions (allant même jusqu'à les laisser pleurer !), il faut comprendre qu'à ces âges, les pleurs reflètent un *besoin* que nous devrions, comme parent, chercher à combler (voir à ce sujet «Les pleurs de notre bébé», page 49). Les gens ont tendance à confondre besoin et caprice. Répondre aux besoins d'un bébé n'est certes pas du caprice. Lorsque le bébé pleure la nuit, on se doit d'aller le consoler... sans toutefois tomber dans l'excès et vouloir se précipiter au moindre petit gémissement : quelques minutes d'attente pourraient lui donner la possibilité de se rendormir par lui-même et de s'habituer à ces petits réveils nocturnes !

Si les pleurs persistent après un certain temps, il serait souhaitable qu'un des parents intervienne. Il faut comprendre qu'un bébé ne retient rien de positif à pleurer jusqu'à l'épuisement. Si on le laisse pleurer, il finira évidemment par se rendormir, mais dans quelles conditions (colère, frustration, fatigue extrême...) ? De plus, les bébés qui ne dorment pas bien la nuit sont souvent plus maussades et demandent plus d'attention le jour : sommes-nous plus avancés ?

Même si certaines personnes crient victoire après quelques nuits de pleurs prolongés, le résultat peut avoir des conséquences moins intéressantes à moyen terme. L'enfant qui a cessé de pleurer a tout simplement abandonné après avoir compris qu'on ne va pas répondre à son besoin et réalisé que personne ne viendra à lui. Le sentiment de pouvoir compter sur quelqu'un et de voir ses besoins affectifs comblés est pourtant à la base du développement de la sécurité personnelle. Un enfant qui aura un déficit sur ce plan risque de devenir anxieux dans la vie.

Il est à noter que ce n'est que vers l'âge de 1 an qu'un enfant prend conscience qu'il peut utiliser les pleurs pour que l'on vienne à lui ou pour attirer notre attention (ce que certains décrivent parfois comme de la manipulation !). Ne croyez donc pas les premiers venus qui tentent d'entretenir ce mythe de la manipulation ou du caprice devant les pleurs de nos tout-petits !

Bref, nos enfants sont des petits êtres en construction. Jour et nuit, ils ont besoin de nous pour leur fournir de bonnes fondations pour le reste de leur vie... C'est à nous d'y voir !

Les psy-trucs

1. Respecter le cycle de sommeil de notre enfant : lui laisser le temps de s'adapter (et faire preuve de patience) !

2. Créer un environnement différent pour la sieste du jour : lumière du jour dans la chambre, porte ouverte, ne pas exiger le silence absolu...

3. Introduire une routine du soir qui va lui permettre de reconnaître que le dodo de la nuit approche (faire prendre le bain, donner le boire, bercer le bébé, lui chanter des chansons avant de le coucher).

4. Retenir qu'un enfant risque de ne pas faire ses nuits avant l'âge de 3 ou 4 mois (et une nuit complète pour eux = 5 à 6 heures !).

5. Aller le réconforter s'il se réveille : c'est un *besoin* et non un caprice !

C'est mon doudou !

Les questions que tout parent se pose :

* **Pourquoi le doudou est-il si important dans la vie de mon enfant ?**
* **Est-ce que tous les enfants possèdent un doudou ?**
* **Que faire lorsqu'il est en piètre état ?**
* **À quel âge doit-on le lui enlever ?**

Pourquoi le doudou est-il si important dans la vie de mon enfant ?

L'intérêt pour un doudou apparaît à une étape particulière dans la vie de bien des enfants : au moment où bébé commence à réaliser qu'il est une personne bien distincte de sa maman et qu'il peut en être séparé à tout moment. Habituellement, cette étape arrivera vers l'âge de 7 ou 8 mois et disparaîtra graduellement vers 5 ou 6 ans.

Le doudou est donc un *objet transitionnel*. Il devient, par son odeur et sa texture, un objet de transition entre le monde « Avec maman » et « Sans maman ». Son rôle est donc de rassurer l'enfant lorsque celui-ci est séparé des parents, d'aider à tolérer leur absence... tout en lui permettant de développer son autonomie.

Le doudou rappellera à l'enfant la présence de sa mère et deviendra aussi un moyen de réconfort en cas de chagrin ou de détente en cas de fatigue.

Est-ce que tous les enfants possèdent un doudou ?

Ce ne sont pas tous les enfants qui possèdent un doudou. En fait, environ 50 % des enfants en possèdent un, mais pas nécessairement *par besoin*. Dans certains cas, ce n'est qu'une question d'habitude que les parents auront bien voulu leur donner : c'est tellement mignon !

On ne connaît pas vraiment les raisons qui font en sorte que certains enfants ne ressentent pas le besoin d'en posséder. Ce que l'on peut dire, par contre, c'est que le doudou peut prendre différentes formes : chanson que l'enfant fredonne, habitude telle que sucer son pouce, se tourner les cheveux – des actions que l'enfant associera à la présence de sa mère.

Que faire lorsqu'il est en piètre état ?

* Essayer d'avoir un ou deux autres exemplaires identiques. Alterner les doudous de façon qu'ils s'usent moins rapidement !

* Son doudou deviendra sale... Donc, habituer l'enfant à ce que son doudou soit régulièrement lavé ! Bien des enfants, par contre, n'aiment pas cette idée : leur doudou perd alors l'odeur caractéristique qu'ils aiment tant et qui les réconforte !

* Essayer d'orienter son choix vers un doudou de format raisonnable et pratique (lavable...). Il peut devenir encombrant de devoir apporter Monsieur le crocodile géant !

* En cas de remplacement forcé ou de perte, mieux vaut expliquer la situation calmement (gérer la situation de crise possible !) et faire participer l'enfant au choix du doudou de remplacement.

À quel âge doit-on le lui enlever ?

Bien qu'il soit inutile (voire déconseillé) d'interdire à l'enfant d'avoir un doudou, il convient de définir nos limites ou règles (par exemple, pas de doudou à la table, aux toilettes ou lors des changements de couche).

La séparation se fait généralement de façon progressive et on peut s'attendre à ce que ce besoin s'estompe vers l'âge de 5 ou 6 ans. C'est bien souvent l'enfant lui-même qui entreprend cette démarche (lorsqu'il sera plus sûr de lui). On peut cependant changer quelque peu nos règles à partir de 3 ans (limiter, par exemple, les déplacements extérieurs ou certaines activités avec le doudou). Sa présence ne sera progressivement plus requise que pour le dodo !

Attention : Le doudou ne doit pas devenir, pour le parent, l'objet de consolation à utiliser à toutes les sauces. La présence et le réconfort d'un parent ne pourront jamais être remplacés par ceux d'un doudou ! Si, par exemple, votre enfant se blesse, il est préférable de lui faire un câlin et de le réconforter plutôt que d'opter immédiatement pour le doudou. L'enfant doit pouvoir compter sur la présence et le réconfort des adultes quand ceux-ci sont présents.

Évitez également de le punir en lui retirant son doudou ou de menacer de le faire. Le doudou étant un objet sécurisant, l'enfant n'en serait que plus anxieux.

Finalement, ne jetez pas le doudou en cachette. Laissez le soin à l'enfant de s'en séparer graduellement. Le doudou finira bien par se retrouver délaissé et par devenir simplement un beau souvenir que les parents devraient préserver en prenant soin de le remiser dans le coffre à souvenir !

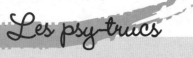

Les psy-trucs

1. Ne jamais refuser à l'enfant le droit d'avoir un doudou (il exprime un besoin).

2. Ne pas utiliser le retrait du doudou comme menace ou punition.

3. Savoir imposer ses limites (pas de doudou à la table...).

4. Prévoir une solution de remplacement au doudou.

5. Ne pas subitement lui retirer son doudou. C'est un processus graduel.

6. Garder son doudou en souvenir...

Veux-tu jouer avec moi ?

L'importance du jeu dans la vie de nos enfants

Les questions que tout parent se pose :

* * Pourquoi le jeu est-il si important ?
* * À quel âge peut-on introduire les jeux ?
* * Comment choisir le bon jeu en fonction de son âge ?
* * Comment faire avec une telle variété de jeux et de jouets ?
* * Les jouets ont-ils un sexe ?
* * Comment favoriser le jeu chez mon enfant ?

Pourquoi le jeu est-il si important ?

Jouer est l'activité qui caractérise l'enfance. L'enfant joue presque toujours et on ne s'en aperçoit pas tout le temps. Même bébé, il s'amuse avec ses mains ou ses pieds ! C'est une activité indispensable et essentielle au bon développement de l'enfant que les parents doivent respecter et *encourager,* non seulement pour son éveil, mais pour son équilibre.

Développement de l'enfant

Sans aucun doute, le jeu constitue l'activité primordiale pour le développement intellectuel, affectif et physique des tout-petits parce que cela les stimule à tous les niveaux tout en les amusant. Sans s'en rendre compte, nos enfants jouent et finissent par nous étonner par leurs progrès, nous surprendre par ce qu'ils ont soudainement découvert ou appris ! Le jeu est donc bénéfique parce qu'il permet entre autres à l'enfant :

* * de s'adapter et de découvrir le monde qui l'entoure ;
* * de prendre conscience des règles et de s'y habituer (socialisation) ;

* d'établir la base au développement de sa personnalité ;
* d'entrer en compétition (et de vouloir se dépasser) ;
* de provoquer et d'entretenir des contacts avec les autres ;
* d'oublier les petits tracas quotidiens et de se laisser aller dans un monde imaginaire !

Lien d'attachement

Le jeu permet aux parents de susciter ou favoriser les occasions de communiquer et d'entrer en étroite relation avec l'enfant, tout en lui inculquant le respect des règles. Par le jeu, les parents peuvent bâtir et consolider le lien d'attachement si important au bon développement de la sécurité affective de l'enfant (voir chapitre sur le lien d'attachement, page 41). Les comptines, les chansons et les divers jeux enrichissent la relation parent-enfant et contribuent au bien-être des petits.

Dans le cas des familles recomposées, le jeu devient également un excellent moyen d'entrer en relation avec les enfants du nouveau conjoint.

En fait, le jeu dépasse la simple activité familiale. Il est de loin plus significatif et efficace que de regarder un film en famille, par exemple...

Source de motivation

Le jeu permet également de rendre agréables certaines tâches ou activités qui ne plaisent pas à notre enfant au départ. Combien de fois réussit-on à motiver les enfants à faire quelque chose en tournant la situation en jeu ou en « mises en scène » qui suscitent soudainement leur intérêt ? Le jeu devient alors une source de motivation intéressante.

À quel âge peut-on introduire les jeux ?

On peut commencer les jeux *dès la naissance* sous forme de stimuli (sons, caresses, mimiques de votre visage...). En fait, avant 4 mois, on parle plus de « stimulations » que de jeux.

Ainsi, dès les premiers mois, votre bébé se sert de ses sens pour jouer et découvrir son environnement : l'odorat, le goût, le toucher, l'ouïe et la vision. D'ailleurs, l'odorat est un sens très développé chez le nouveau-né et lui permet, entre autres, de reconnaître sa mère grâce à son odeur corporelle.

En favorisant le développement des sens de l'enfant, vous stimulerez son développement intellectuel. N'hésitez donc pas à jouer avec votre bébé, à le caresser, à le masser, à lui chanter des chansons, à balancer devant lui un hochet qu'il suivra des yeux avec curiosité et attention, à lui faire des mimiques ou des « coucous » jusqu'à ce qu'il réagisse par une grimace, un sourire ou un cri de joie !

On peut d'ailleurs intégrer tous ces petits jeux dans la routine quotidienne de l'enfant.

Petits conseils

✳ Mieux vaut stimuler un sens à la fois (pas tous en même temps !).
✳ *Éviter la surstimulation* (qui peut rendre agressif). Les pleurs peuvent être une indication que l'enfant en a assez !
✳ Favoriser la stimulation quand l'enfant est bien reposé.
✳ Favoriser la stimulation quand on a répondu aux besoins de base de l'enfant (après le repas, après le dodo, après avoir changé sa couche...).

Toutes ces activités stimulantes permettent donc à notre enfant de se développer et de prendre progressivement contact avec son environnement. Ces jeux doivent évidemment évoluer au fur et à mesure que l'enfant vieillit.

Comment choisir le bon jeu en fonction de son âge ?

Il faut évidemment adapter les jeux (et les jouets) en fonction de l'âge et de l'évolution de notre enfant.

De 0 à 4 mois

Le nouveau-né est captivé et stimulé par le monde qui l'entoure. C'est la stimulation sensorielle qui prévaut. Les parents jouent un rôle important dans cette stimulation (sans tomber dans l'excès !). L'enfant joue avec ses mains, ses pieds, est fasciné par les objets tels que les hochets, les jouets musicaux, etc. Il découvre aussi les textures (et aime particulièrement celles qui sont douces et agréables au toucher).

Quelques suggestions de jeux stimulants

* faire des mimiques (expressions exagérées du visage) ;
* parler à l'enfant pendant les soins ;
* faire des sons prolongés : AAAAAAAAA, OOOOOOOO ;
* imiter les sons qu'il fait (cela l'encourage à les répéter) ;
* lui faire découvrir la douceur des objets (sur la peau) ;
* lui faire des câlins ;
* lui faire des massages ;
* le faire pédaler des jambes ou des bras (accompagné de bruits de moteur !) ;
* le rouler tout doucement ;
* le placer sur une couverture de stimulation.

De 4 à 6 mois

À partir du 4e mois, l'enfant commence à percevoir les couleurs, d'où son intérêt progressif pour les jouets colorés. Sa coordination se développe et lui permet de s'agripper et de saisir des objets. Le hochet devient souvent le jouet privilégié des petits de cet âge ; il leur permet de développer leur prise. Saisir, lâcher, manipuler, goûter ou mordre va contribuer à leur éveil. L'utilisation de mobiles, de tapis d'éveil ou de tableaux fixés aux barreaux du lit ou du parc est également appropriée à cet âge. Bien qu'ils soient en mesure de découvrir tout ce monde par eux-mêmes, leur intérêt peut stagner et les parents peuvent alors contribuer à l'entretenir ou à le relancer.

De 6 à 12 mois

La position assise devient peu à peu familière et les déplacements de l'enfant se font plus nombreux, ce qui favorise son exploration. Il pourra alors profiter des jouets de son parc à sa guise ou se diriger (en rampant ou à 4 pattes !) vers tout objet qui suscitera sa curiosité.

C'est également à cet âge que notre enfant va développer sa capacité de se concentrer et commencera à construire et à prendre un malin plaisir à détruire ! Les cubes, les jeux à empiler ou autres éléments de construction ainsi que les casse-tête encastrés deviennent tout particulièrement intéressants.

De 12 à 18 mois

L'enfant maîtrise ses déplacements et aime bien la position debout qui lui procure une vision nouvelle de son environnement. Les trotteurs, les poussettes sur lesquels il pourra prendre appui et marcher sont intéressants.

18 mois et +

L'enfant commence à s'identifier aux adultes et veut les imiter. Les jeux d'imitation prennent alors toute leur importance : l'imitation des sons ou objets dans un premier temps (chien, chat, cheval, voiture...), puis l'imitation des adultes – les premières poupées que l'enfant promènera et dorlotera, les mobiliers d'enfants (cuisinières, établis/outils, salons de coiffure...), les instruments de docteur, de policier, de shérif...

Tous ces objets captiveront son intérêt par l'imitation du monde des grands !

N'oubliez pas qu'il faut éviter l'excès de stimulation (qui risque de le rendre agressif ou provoquera des pleurs) et favoriser la stimulation quand l'enfant sera reposé et que ces besoins de bases auront été comblés (repas, dodo, changement de couches, etc.).

De plus, il ne faut pas toujours être actif dans les jeux de notre enfant : on doit parfois lui laisser le temps de découvrir par lui-même ce qui l'entoure.

Il faut éviter l'excès de jouets et se garder de lui proposer trop d'activités en même temps : cela risque de nuire au développement de sa concentration et de son calme et risque même d'en faire un enfant agité qui aura par la suite de la difficulté à se concentrer ou à être attentif de façon soutenue.

Comment faire avec une telle variété de jeux et de jouets ?

Non seulement il y a beaucoup de jeux et de jouets, mais on a l'impression que nos enfants les veulent tous ! Ce qui est important, c'est de respecter le stade de développement de notre enfant. Si on achète un jeu trop facile ou trop difficile (au nom de l'apprentissage ou pour qu'il dure plus longtemps), l'enfant risque de le mettre tout simplement de côté !

Bien que la plupart des jeux soient classés par groupe d'âge, les informations indiquées le sont à titre indicatif seulement. Chaque enfant est unique et a son propre rythme d'évolution et d'épanouissement. Il faut donc être attentif, observer notre enfant et essayer de lui proposer ce qu'il est capable de faire.

Il est également conseillé de choisir un jeu qui suscitera l'intérêt de notre enfant. Il faut aussi éviter de « se faire plaisir » en « imposant » des jouets aux enfants qui paraissent, à nos yeux, intéressants. Se méfier des « J'aimais tellement ça quand j'avais son âge ! ».

De façon générale, on peut classer les jouets en trois grandes catégories :

* *Jouets éducatifs* : Casse-tête, jeux de société, blocs...
* *Jouets « actifs »* : Autos, camions, poussettes, ballons... qui suscitent surtout le côté physique de l'enfant.

* *Jeux de rôles (imitation):* Jouets qui permettent aux garçons et filles de se projeter, de jouer des rôles de grands (poupées, Barbies, coffres à outils, trousses de maquillage, costumes et jouets imitant les accessoires de la maison tels que cuisinières, tondeuses...).

Les jouets ont-ils un sexe ?

À un certain moment, il y a eu une tendance à vouloir bannir (sans grand succès) le « sexisme » des jouets (en dénonçant, par exemple, l'idée d'offrir des camions aux garçons seulement et de leur interdire les poupées). On a beau tenter d'éviter de catégoriser les jouets ou d'inculquer à nos enfants des comportements stéréotypés, de façon générale, ceux-ci se tournent vers les jouets qui correspondent à leur identité sexuelle : les garçons préfèrent les camions et les filles, les poupées !

En fait, à partir de 2 ans, les enfants construisent leur identité sexuelle en imitant le parent du même sexe. Bien que les rôles parentaux aient beaucoup évolué au fil des ans (les femmes qui sont sur le marché du travail et les hommes qui participent davantage aux travaux ménagers), il n'en demeure pas moins que les enfants ont naturellement tendance à préférer (et par la même occasion, distinguer) les jouets correspondant à leur sexe.

Ce qui est important dans tout cela, c'est de donner le choix à l'enfant des jouets qu'il désire en les rendant accessibles, peu importe le « sexe » de ces jouets. Certaines filles aiment jouer aux autos et camions et il ne faut pas les en empêcher au nom de ces fameux « stéréotypes ».

Comment favoriser le jeu chez mon enfant ?

On ne le répétera jamais assez : le jeu est une activité essentielle au bon développement de l'enfant qui doit être encouragée par les parents. Ce soutien des parents sera une source de valorisation et de stimulation pour l'enfant. Voici quelques éléments pouvant vous guider :

* Réservez-vous du temps pour jouer avec votre enfant : les jeux sont intéressants dans la mesure où les parents participent. Un parent qui joue avec son enfant permet à ce dernier de développer sa confiance en soi parce qu'il sent que le parent est près de lui et l'encourage.

* Si l'enfant n'est pas ou n'est plus enthousiaste devant un jeu, n'insistez pas et proposez-lui-en un autre. Il peut même être souhaitable de faire une pause. Il faut que l'enfant soit intéressé et qu'il s'amuse... C'est de cette façon qu'il apprend le mieux !

* Assurez-vous de lui proposer un jeu qu'il est capable de faire, sinon il se découragera.

* Évitez l'excès de jouets ou de la surabondance d'activités : cela risquerait d'émousser son intérêt et de nuire, à la longue, au développement de sa concentration et à sa capacité d'attention soutenue.

* Diversifiez les types de jeux (jeux actifs, jeux éducatifs...). L'enfant peut, à différents moments de la journée, avoir besoin de bouger ou avoir le goût de faire une activité tranquille.

* Variez et dispersez les éléments de jeu (ne les concentrez pas en un seul endroit).

* Laissez parfois l'enfant jouer seul (tout en veillant à relancer ou à entretenir son intérêt si celui-ci diminue).

* Encouragez-le dans sa démarche de jeu, valorisez les choses qu'il réalise, même s'il ne s'agit que de construire une petite tour de cubes !

* Intéressez-vous aux jeux de l'enfant en lui posant des questions, en lui proposant des variantes ou des scénarios ou même en y participant (s'il le désire).

* Respectez son rythme : l'hyperstimulation peut être négative.

Bref, le jeu est plus qu'un passe-temps : c'est un moyen irremplaçable d'établir de bonnes relations avec notre enfant, de créer un lien d'attachement solide et de lui permettre, par la même occasion, de s'exprimer, communiquer, expérimenter, découvrir, chercher, se concentrer, s'adapter à différentes situations, se surpasser et... apprendre. Tout ça dans un contexte motivant, agréable et harmonieux ! C'est à nous d'embarquer dans le jeu !!!

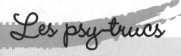

Les psy-trucs

1. Jouer et stimuler notre enfant dès la naissance (développement sensoriel).

2. Favoriser la stimulation quand l'enfant sera reposé et que ses besoins de base auront été comblés (repas, dodo, changement de couches...).

3. Éviter l'excès de stimulation : il faut que ça demeure un jeu, et non une tâche imposée !

4. Éviter l'excès de jouets ou la surabondance d'activités.

5. S'accorder, sur une base régulière, une période de jeu avec son enfant (ne pas lui imposer non plus).

6. Choisir des jeux qui intéressent l'enfant et qui sont de son âge (qu'il sera capable de faire).

7. Varier les types de jeux (actifs, éducatifs, etc.).

8. L'encourager dans sa démarche de jeu, valoriser les choses qu'il réalise, le féliciter.

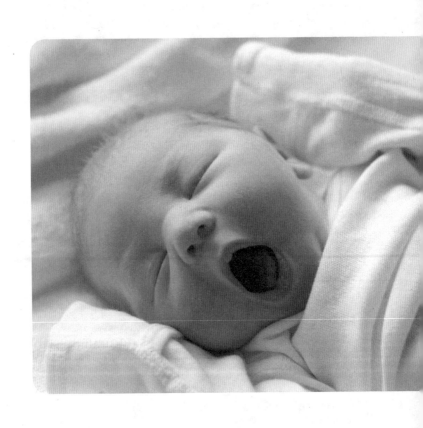

« Je veux pas faire dodo ! »

Le rituel du dodo

Les questions que tout parent se pose :

* **Quelle est l'importance du sommeil dans le développement de l'enfant ?**
* **De combien d'heures de sommeil mon enfant a-t-il besoin ?**
* **Quels sont les éléments d'une bonne routine du dodo ?**
* **Comment faire si la routine du dodo ne fonctionne pas ?**

Les enfants ont énormément besoin de routines dans leur vie pour bien fonctionner. Elles leur donnent des repères et une *stabilité*. Toute forme de stabilité contribue à ce sentiment de sécurité essentiel au bon développement de leur personnalité. Grâce aux routines, les enfants savent ce qui est prévu, ce qui aide à éliminer leurs préoccupations, leurs soucis. Ils n'appréhendent pas ce qui va leur arriver.

Le rituel du dodo est l'une des routines qui doivent absolument faire partie de la vie de l'enfant. Cette routine fera en sorte que l'heure du dodo sera non pas une bataille, mais bien un beau moment de complicité entre vous et votre enfant.

Quelle est l'importance du sommeil dans le développement de l'enfant ?

Le sommeil est indispensable au bon développement physique et mental de l'enfant et favorise l'apprentissage. C'est pendant le sommeil, entre autres, que le cerveau produit les hormones de croissance. Le sommeil contribue également à la maturation du système nerveux, au développement de la mémoire et à l'organisation des informations acquises durant sa journée et il permet, évidemment, de récupérer de la fatigue accumulée et de refaire le plein pour une autre journée remplie d'action et de stimulation.

Il faut donc prendre conscience de l'importance d'un horaire adéquat et de la nécessité d'un sommeil suffisant et de qualité. Tout cela est essentiel au bon développement, au bien-être et à l'épanouissement personnel de notre enfant. Un manque de sommeil peut se traduire par une accumulation de fatigue, par des problèmes d'attention ou de concentration ou par des problèmes d'humeur (irritabilité), qui peuvent rendre notre quotidien plus... épuisant !

De combien d'heures de sommeil mon enfant a-t-il besoin ?

In utero
Il est intéressant de constater que le sommeil ou le repos est présent chez le fœtus (on note la présence de cycles d'activité et d'immobilité). Son cycle se construit peu à peu, et ce, indépendamment de celui de la mère.

À la naissance
Dès la naissance, le bébé a besoin de beaucoup de sommeil (une moyenne de 16 à 20 heures par jour), mais, au grand dam des parents, ce sommeil est bien souvent réparti en de courtes et fréquentes périodes.

De 3 à 6 mois
Puis, de 3 à 6 mois, le bébé s'adapte peu à peu au rythme jour/nuit. Les périodes de sommeil nocturne s'allongent (5 à 9 heures) pour un sommeil global d'environ 16 heures en moyenne, incluant les siestes durant le jour (1 à 3).

De 6 mois à 4 ans

De 6 mois à 4 ans, les siestes de jour sont progressivement réduites et l'enfant s'approche du sommeil des grands. Ce n'est que vers l'âge de 4 ans que la majorité des enfants vont adopter un rythme de sommeil similaire à celui des adultes. Avant cet âge, les phases et le rythme de sommeil sont totalement différents des nôtres. Il faut donc en tenir compte. N'oubliez pas que vers l'âge de 6 à 12 mois, 50 % des enfants se réveillent encore pendant la nuit !

Bien que la quantité de sommeil nécessaire puisse varier beaucoup d'un enfant à l'autre, voici un aperçu des heures de sommeil en fonction de l'âge :

Âge	Nombre d'heures de sommeil au total par jour (en moyenne)	Nombre de siestes par jour
0 à 3 mois	16 à 20	Beaucoup
3 à 6 mois	14 à 16	2 à 3
6 mois à 1 an	13 à 15	1 à 2
1 à 3 ans	12 à 13	1
3 à 5 ans	12	0 à 1

Il est à noter que de l'âge de 1 à 3 ans, le sommeil de nuit devrait représenter environ 10 à 11 heures. Finalement, c'est à partir de 5 ans que la durée du sommeil diminue en bas de 12 heures pour en arriver graduellement à environ 8 heures à l'adolescence !

Quels sont les éléments d'une bonne routine du dodo ?

La majorité des enfants n'aiment pas aller se coucher parce qu'ils se sentent frustrés d'avoir à cesser leurs activités si captivantes pour se retrouver, bien souvent, seuls dans leur chambre, en silence et dans l'obscurité. Normal que nos enfants veuillent y échapper ! Il faudrait même s'inquiéter qu'un enfant préfère constamment aller se coucher.

La période du dodo peut donc devenir un véritable défi ou un marathon de négociation. Pour l'enfant, le dodo peut représenter un moment angoissant ou du moins très peu attrayant, puisque cela signifie s'éloigner de papa et maman. La routine permet de rendre cette étape plus intéressante pour l'enfant. Elle agrémente la transition entre la journée et le repos de la nuit et peut nous éviter d'avoir recours aux menaces, aux grondements ou à quelque autre subterfuge pénible pour les parents. C'est souvent un moment privilégié entre le parent et l'enfant, et une présence accrue du parent peut faire la différence entre une épreuve de force et un moment de détente.

Avoir une routine avant le dodo est aussi très sécurisant pour l'enfant. *Cela lui permet de réaliser, peu à peu, que le moment du coucher approche, ce qui en facilite grandement l'acceptation.* Il est beaucoup moins frustrant pour l'enfant d'aller se coucher s'il le sait d'avance que s'il se fait annoncer subitement qu'il doit tout laisser en plan pour aller au lit.

Voici quelques éléments pouvant faire partie de la routine du dodo. Ces éléments doivent être répétés quotidiennement et avoir lieu au même moment (même heure) de la journée afin de devenir un point de repère pour l'enfant :

* faire prendre le bain ;
* donner le boire ou une légère collation ;
* procéder au brossage de dents ;
* offrir un petit verre d'eau ;
* faire une visite à la toilette ;
* donner des câlins de bonne nuit ;
* faire donner des bisous à papa, maman, au frère, à la sœur ;

* raconter une histoire ;
* chanter une chanson ;
* bercer l'enfant (mais pas jusqu'à ce qu'il s'endorme !) ;
* se coucher un peu avec l'enfant (favorise les discussions/confidences) ;
* bavarder avec le doudou, le toutou, les poupées ;
* baisser la lumière ou allumer la veilleuse ;
* mettre une musique douce ;
* dire « bonne nuit », « dors bien »...

Toutes les activités pouvant faire partie du rituel du dodo doivent évidemment se dérouler dans un environnement d'intimité, de calme, de douceur et plein de tendresse.

Quelques conseils

* Commencer cette routine très tôt dans la vie de l'enfant... elle fera naturellement partie de son quotidien et constituera une étape de sa journée qu'il appréciera (même bébé).
* Toujours terminer la routine dans sa chambre à coucher. Son lit deviendra alors un endroit qu'il associera à ces doux moments !
* Ne pas endormir l'enfant dans ses bras (ne pas le *bercer jusqu'à ce qu'il soit endormi,* par exemple, même si c'est tellement plaisant !). Il pourrait en prendre l'habitude et s'attendre à la même chose lors des réveils nocturnes. Ces doux moments ont pour but de détendre l'enfant et de le prédisposer à bien dormir et non de l'*endormir.* Il est plutôt suggéré de déposer l'enfant dans son lit juste avant qu'il s'endorme. S'il pleure, le reprendre et recommencer la manœuvre après l'avoir calmé. Lui caresser le front sans le sortir de son lit. L'enfant finira par comprendre qu'il doit s'endormir seul, ce qui est très souhaitable pour les prochaines années !
* Ne pas allonger la routine du dodo. Elle doit avoir un début et une fin précise et ne doit guère dépasser 30 minutes. Il ne sert

à rien de prolonger le rituel. Mieux vaut être ferme : « L'histoire est terminée, il faut dormir maintenant ! »

* Éviter de regarder la télévision ou de faire des activités bruyantes qui peuvent agiter l'enfant. Il ne faut pas laisser l'enfant s'endormir devant la télé ou sur le sofa, évidemment !
* Ne pas laisser l'enfant décider de son heure de coucher.

Comment faire si la routine du dodo ne fonctionne pas ?

Les enfants ont besoin de leur petit « cérémonial » et ils veulent parfois le prolonger ou faire durer le manège : « Une autre histoire, s'il te plaît », « Cinq minutes encore », « J'ai faim, j'ai soif, j'ai envie... »

Bien des parents ne savent plus comment réagir devant leurs multiples demandes. Certains vont constamment y accéder, d'autres moins. Il n'y a pas de consignes applicables à tous. L'important, c'est de connaître ses limites et ne pas les dépasser. Il faut donc fixer nos limites et cesser de « jouer le jeu ».

Il est à noter que si se coucher un peu avec notre enfant ou lui conter des histoires constitue le seul moment privilégié que l'on accorde à notre enfant dans la journée (pendant lequel l'enfant nous colle, sent notre chaleur et nous a en « exclusivité »), alors il est normal que celui-ci veuille le prolonger ! C'est à nous de comprendre les raisons qui le poussent à agir ainsi et à essayer de compenser autrement.

Si l'enfant a malgré tout de la difficulté à s'endormir, essayer de trouver une façon de le rassurer et de le réconforter :

* Utiliser une veilleuse (éviter l'obscurité complète).
* Éviter le silence, mettre une petite musique qu'il affectionne particulièrement.
* Ne pas fermer la porte (rares sont les enfants qui aiment cela).
* Lui donner un doudou, un toutou ou un de nos vêtements.
* Fabriquer une boîte à souvenir avec des photos à l'intérieur. L'enfant en pige une le soir et s'endort avec ce beau souvenir.

Les psy-trucs

1. Réaliser que le dodo constitue une séparation parfois difficile pour l'enfant. Il faut être patient.

2. Instaurer tôt dans la vie de l'enfant une *routine du dodo*.

3. Fournir à l'enfant des éléments sécurisants (musique douce, veilleuse, doudou, toutou).

4. Ne pas laisser l'enfant décider de son heure de coucher.

5. Ne pas allonger, à sa demande, le rituel du dodo.

6. Éviter d'endormir l'enfant complètement lors du rituel. Il doit apprendre à s'endormir seul.

Ma tétine

dans la boîte à souvenirs ?

Les questions que tout parent se pose :

* Est-ce normal qu'il ait besoin d'une tétine ?
* À quel âge doit-on lui enlever sa tétine ?
* Comment en finir avec la tétine ?

Est-ce normal qu'il ait besoin d'une tétine ?

Bien que certains affirment que la tétine n'a pas d'utilité pour le bébé, il est clair que tous les enfants ont un besoin de succion. L'enfant tète déjà à l'intra-utérin son pouce et le liquide amniotique. Il s'agit d'un réflexe de survie inné. Pour le bébé, téter est d'abord un besoin physiologique. Il est donc normal qu'on veuille répondre à ce besoin et qu'aujourd'hui, la tétine soit régulièrement utilisée.

La tétine procure un effet calmant ou réconfortant. Lorsque l'enfant tète sa tétine, il se souvient de la tétée chaude et rassurante que sa mère lui offrait... un moment bien réconfortant.

Vers 7 ou 8 mois, la tétine (tout comme le pouce, qu'il suce également !) peut être perçue comme un élément de sécurité. Son rôle est alors de rassurer l'enfant lorsque celui-ci est séparé des parents, de mieux tolérer leur absence (voir le chapitre sur le doudou, page 63).

La tétine permet également d'apaiser les peines de nos tout-petits. Il faut par contre éviter que celle-ci remplace systématiquement le réconfort du parent et devienne la solution facile et rapide. La tétine est un élément apaisant pouvant être utilisé en *complément* aux paroles réconfortantes et aux merveilleux câlins des parents !

À quel âge doit-on lui enlever sa tétine ?

Il n'y a pas d'âge précis, mais il est certain que la majorité des enfants vont progressivement délaisser leur tétine à partir de 2 ou 3 ans. Dépassé cet âge, l'utilisation intense de la tétine peut entraîner des problèmes de dentition et de prononciation en plus de faire l'objet de quelques remarques négatives ou moqueries de la part des amis ou même des adultes !

Il est à noter que pour certains enfants, la séparation d'avec leur tétine est un processus très difficile et marque en quelque sorte le passage vers le monde « des grands ». Il est donc important que *ce soit le parent qui accompagne l'enfant dans cette démarche* (et non la gardienne, par exemple !).

La majorité des enfants vont délaisser progressivement la tétine et se consacrer uniquement à leur doudou vers l'âge de 2 à 3 ans. À cet âge, l'enfant s'intéresse de plus en plus aux amis et aux jeux, ce qui favorise l'abandon de la tétine. Lorsque ce n'est pas le cas, il faut respecter le rythme de l'enfant et lui imposer doucement certaines limites (éviter à tout prix le sevrage brutal en jetant la tétine à la poubelle, par exemple !).

Bref, il ne faut pas voir cette étape comme un défi parental à relever le plus tôt possible ! Il faut y aller progressivement et selon le rythme de l'enfant.

Comment en finir avec la tétine ?

La tétine répond à un besoin bien réel de certains enfants. Malheureusement, un jour ou l'autre, il nous faudra mettre fin à la tétine, ce qui n'est pas toujours évident...

✳ Choisir une période suffisamment calme et stable dans la vie familiale (période où la routine de l'enfant ne sera pas changée). Éviter de le faire en vacances ailleurs, pendant un déménagement, un changement de garderie, etc.

✳ Éviter les commentaires négatifs : «Tu fais ton bébé lala», «Regarde ta cousine. Elle est grande, elle.» Ces remarques insécurisent l'enfant et ne l'aident pas à grandir.

✳ Faire le processus de sevrage doucement, progressivement. Au début, on ne transporte plus la tétine à l'extérieur, on la lui enlève pendant les jeux, puis on la lui retire lors des siestes de l'après-midi pour finalement la lui laisser uniquement lors des dodos de nuit.

✳ Quand l'enfant se sentira prêt, lui offrir de déposer sa tétine dans un contenant que l'on peut envoyer «au pays des tétines» ou dans la boîte à souvenirs...

✳ Utiliser un tableau de motivation ; cela peut s'avérer un bon outil pour souligner son effort et l'aider à atteindre son objectif.

✳ Être compréhensif. Il se peut que l'enfant manifeste de la tristesse ou de la colère. Le réconforter et le sécuriser en lui disant que l'on est fier de lui.

✳ À partir du moment où on lui a enlevé sa tétine, ne pas revenir en arrière. Sinon tout sera à recommencer. Grandir est une étape difficile qui demande patience et soutien de la part du parent.

Mettre fin à la tétine représente une étape importante pour l'enfant et pour les parents également. Il est parfois difficile pour ces derniers de réaliser que leur bébé est devenu grand maintenant !

Les psy-trucs

1. Éviter le sevrage brutal (ne pas enlever la tétine du jour au lendemain). Il faut effectuer cette étape progressivement.

2. Respecter le rythme de l'enfant. Vers 2 ou 3 ans, la plupart des enfants sont prêts à réduire leur utilisation de la tétine.

3. Choisir le bon moment pour commencer le sevrage (période stable).

4. Être présent et s'occuper soi-même (en tant que parent) de cette étape importante de la vie de l'enfant.

5. L'encourager de façon positive et éviter les remarques négatives (bébé lala).

6. Utiliser un tableau de motivation.

7. Une fois la tétine enlevée, ne pas revenir en arrière (de toute façon, elle est partie au pays des tétines !). Être patient, compréhensif et compenser par de l'attention soutenue.

Suggestion de lecture:
Titre : *Au revoir, la suce*
Collection : Cajoline
Éditeur : Boomerang Éditeur jeunesse

Comment choisir

la bonne garderie?

Les questions que tout parent se pose :

* **Quelles sont les différentes options ?**
* **Comment dois-je effectuer ma recherche ?**
* **De quels critères dois-je tenir compte dans le choix de la garderie ?**

Bien des parents auront tôt ou tard à dénicher une garderie pour leur enfant. Les places étant limitées, c'est une réalité qui peut les rattraper très vite, même pendant la grossesse ! Ces parents sont confrontés à un processus délicat et ô combien important : leur enfant passera la plus grande partie de sa journée dans cet environnement et en compagnie de personnes qui auront un impact direct sur son développement. Pas question que la garderie devienne une source de stress pour l'enfant et d'inquiétudes ou de préoccupations pour les parents !

Quelles sont les différentes options ?
Dans un premier temps, les parents doivent déterminer quel type de milieu de garde leur convient. Les principaux sont les suivants :

* *CPE (Centres de la petite enfance):* Garderies en installation* subventionnées par le gouvernement.
* *Garderies privées ou à but non lucratif:* Garderies en installation non subventionnées.
* *Garderies en milieu familial:* Garderies à plus petite échelle, dans une maison privée, accréditée ou non par un CPE.
* *Gardiennes à domicile:* Des parents ou une personne qui se déplace à votre domicile pour prendre soin de l'enfant.

* En installation : Caractérise d'importantes garderies (à grande échelle) dont les groupes sont divisés selon l'âge de l'enfant.

Comment dois-je effectuer ma recherche ?

Le processus de recherche et d'analyse des garderies nous permet de prendre de l'assurance et de nous sécuriser par rapport à cet environnement qui accueillera notre petit trésor. Il nous permet de choisir le milieu qui répondra adéquatement aux besoins de notre enfant.

Commencer tôt

Le processus de recherche peut s'avérer long. Mieux vaut entreprendre les démarches très tôt afin d'éviter d'être pressés par le temps ou de devoir prendre la première place de garderie disponible ! Il est conseillé de commencer au moins 6 mois à l'avance dans le cas de garderies privées ou à domicile et au moins 1 an à l'avance dans le cas de CPE (qui ont souvent de longues listes d'attente).

Établir la liste de nos besoins de base

Il faut déterminer dans un premier temps nos besoins de base :

* Quelles sont les heures d'ouverture ?
* Quel âge ont les enfants qui fréquentent la garderie ?
* Y a-t-il une liste d'attente ?
* Combien y a-t-il d'éducatrices par groupe d'enfants ?
* Est-ce que nous voulons une garderie près de chez nous, du travail ou de la future école ?

Dresser la liste des garderies et téléphoner

En dressant la liste des garderies, il est possible par la suite de vérifier si elles correspondent à nos besoins et à nos valeurs. Un premier contact peut alors être établi par téléphone nous permettant une première élimination si nos besoins ne sont pas comblés. Il est à noter que plusieurs parents vont se fier à leur intuition et vont parfois éliminer une garderie uniquement sur la base de ce premier contact, qui n'aura pas été suffisamment rassurant ou chaleureux pour leur inspirer confiance.

Visiter la garderie

Lorsque nous avons trouvé la garderie qui nous convient, *il est très important d'en faire la visite*. Cela nous permettra de rencontrer la ou les personnes qui s'occuperont de notre enfant et de vérifier si le lien de confiance essentiel peut être établi. Rien ne vaut mieux que la première impression que ressent un parent à la visite. Est-ce que le personnel est souriant, est-ce qu'on lui fait visiter avec intérêt l'environnement dans lequel évoluera son enfant, est-ce qu'on lui explique avec passion le déroulement d'une journée ou les activités spéciales qui seront proposées à son enfant?

Cette visite permettra également:

* de constater l'attitude du personnel envers les enfants;
* d'observer la réaction ou l'attitude des enfants devant les interventions du personnel (ils devraient être à l'aise);
* de vérifier le niveau de langage et la façon de parler aux enfants (de manière respectueuse, amicale...);
* de voir si les enfants sur place semblent heureux et détendus;
* d'inspecter l'environnement (propreté, organisation, sécurité);
* d'examiner les équipements (aires de jeux, livres/jouets disponibles);
* de poser plus de questions sur les méthodes d'interventions...

Obtenir des références

Il serait également recommandé d'obtenir des références ou de s'informer auprès des parents qui ont ou qui ont eu des enfants ayant fréquenté ce service de garde.

Ce processus peut être long et peut demander beaucoup de temps et d'énergie. Il est cependant nécessaire afin de trouver un environnement de qualité qui répond à vos besoins et dans lequel votre enfant pourra s'épanouir en toute confiance. Il en va du bien-être de l'enfant et de la tranquillité d'esprit des parents!

De quels critères dois-je tenir compte dans le choix de la garderie ?

Il ne faut pas prendre à la légère la qualité du service de garde puisque celui-ci jouera un rôle important dans le développement physique, émotionnel, social et intellectuel de notre enfant.

Voici quelques éléments à vérifier et à considérer lors de la sélection du milieu de garde :

1. Qualité des éducatrices

* Mettent en place un environnement chaleureux et ouvert, et non rigide et contraignant.
* Favorisent un environnement propice à la stimulation dans lequel les enfants ne sont pas laissés à eux-mêmes toute la journée.
* Inspirent confiance aux enfants et savent établir un bon lien d'attachement.
* Savent réconforter devant les pleurs, les malaises.
* Savent intervenir selon nos valeurs dans le cas de problèmes de comportement.
* Sont patientes, sensibles, énergiques et communicatives.
* Prennent le temps de sourire, toucher, parler, encourager, valoriser et prendre les enfants dans leurs bras.
* Connaissent les techniques de premiers soins et les méthodes RCR...

Il ne faut pas hésiter à s'informer de la qualification des personnes qui s'occuperont de notre enfant. Les intervenants qui ont une formation dans un domaine relié aux soins et à l'enfance ainsi que les mères d'expérience constituent souvent de bons choix.

Il est à noter qu'il faut favoriser des milieux de garde dans lesquels le personnel est stable, ce qui aide à la sécurité de l'enfant en lui évitant de devoir constamment s'adapter à de nouvelles personnes.

Bref, il faut choisir un service de garde qui privilégie le développement de notre enfant et qui inspire confiance, et des intervenants avec qui nous pouvons facilement discuter de notre enfant, de ses progrès, ses difficultés, etc.

2. Qualité des activités
Une garderie de qualité sait offrir des activités variées, stimulantes et adaptées pour chaque groupe d'âge:

* ✳ activités de groupe (socialisation de l'enfant);
* ✳ activités physiques (jeux extérieurs...);
* ✳ activités de motricité fine (peinture, dessin, pâte à modeler...);
* ✳ activités éducatives (casse-tête...);
* ✳ activités artistiques (danse, musique, chanson, jeux de rôles, déguisements, marionnettes...).

Il est à noter que la télévision ne devrait servir que pour des fins éducatives et non de façon abusive pour remplacer les intervenants.

Finalement, la diversité des activités ou sorties spéciales (cabane à sucre, zoo, magicien, etc.) et l'accent mis sur les thèmes (Halloween, Noël, Pâques, le printemps...) sont de bonnes indications du niveau d'implication et de dynamisme de la garderie.

3. Qualité des installations et de l'environnement
L'environnement dans lequel votre enfant passera la majeure partie de la journée est très important et aura un impact sur son comportement. Voici quelques éléments à considérer:

* ✳ la qualité et l'état des livres, des jouets, des jeux extérieurs (modules, etc.);
* ✳ les aires de gardes: bien organisées, éclairage suffisant, etc.;
* ✳ la décoration: stimulante, avec dessins affichés, photos, etc.;

*   les aires de jeux : sécuritaires et propres ;
*   le niveau de bruit, qui devrait être acceptable.

4. Ratio enfant/éducatrice

Il est important de vérifier le nombre d'éducatrices par rapport au nombre d'enfants. En surnombre, les éducatrices ne pourront répondre adéquatement aux besoins de votre enfant ou ne pourront favoriser la stimulation individuelle.

En général, une éducatrice devrait avoir sous sa responsabilité un maximum de 6 enfants, dont un maximum de 3 bébés âgés de moins de 18 mois.

Tous ces critères nous permettront de juger de la qualité du service de garde évalué. Malgré tout, la décision ultime revient au parent, qui devra tout d'abord écouter son instinct et s'assurer d'être à l'aise et en confiance avec l'équipe en place.

Il ne faut pas oublier que notre enfant passera plusieurs heures par jour dans ce milieu de garde et il est donc souhaitable que celui-ci ressemble le plus possible à notre milieu de vie et que les valeurs prônées correspondent aux nôtres. Ces éléments contribuent à obtenir la tranquillité d'esprit que tout parent doit s'attendre à avoir au moment de confier son tout-petit !

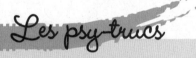

Les psy-trucs

1.   Commencer tôt la recherche d'une garderie.

2.   Établir la liste de ses besoins/valeurs.

3.   Sélectionner certaines garderies et *les visiter* (y passer du temps).

4.   Obtenir des références, en discuter avec son entourage.

5.   Être à l'aise et en confiance avec l'équipe en place.

Chacun dans son lit !

Les questions que tout parent se pose :

✳ **Est-il fréquent que les enfants veuillent nous retrouver dans notre lit ?**
✳ **Dois-je coucher mon bébé avec moi ?**
✳ **Pourquoi les enfants aiment-ils partager notre lit ?**
✳ **Dois-je accepter qu'il nous rejoigne la nuit ?**
✳ **Comment faire cesser cette habitude ?**

Est-il fréquent que les enfants veuillent nous retrouver dans notre lit ?

Plusieurs parents ont des « problèmes d'espace » dans leur lit le matin ! Certains enfants qui ne réussissent pas à faire leur nuit complète ont le réflexe d'aller rejoindre leurs parents. Cette situation est assez fréquente et on le constate rapidement dès qu'on en parle un peu autour de soi. En fait, une grande proportion des parents ont vécu de telles situations, à des degrés divers.

Les enfants aiment bien rejoindre leurs parents dans le lit et il est parfois très difficile de leur enlever cette « mauvaise habitude », une habitude qui peut commencer en bas âge et durer plusieurs années si les parents n'interviennent pas.

Dois-je coucher mon bébé avec moi ?

Il n'y a pas de consensus à ce sujet et les points de vue diffèrent beaucoup selon l'âge de l'enfant. Il y a d'ailleurs une nouvelle tendance, présente surtout en Europe, qu'on appelle le *cododo* ou le *co-sleeping*. Cette école de pensée prône sans équivoque le partage du lit parental, et ce, aussi longtemps que l'enfant en ressent le besoin. C'est une pratique qui est très controversée, puisqu'elle va à l'encontre de tout ce qui est prôné depuis bien des années.

Il est vrai que dans notre culture, nous avons tendance à juger de façon négative une telle pratique, qui, aux yeux de plusieurs, suscite également des questions de sécurité pour les nouveau-nés. Dormir avec son bébé peut effectivement présenter certains dangers : la possibilité que l'enfant tombe en bas du lit (dès que celui-ci est capable de se tourner), que les parents fassent un mouvement brusque durant leur sommeil ou que le bambin étouffe, par exemple à cause d'un lit trop mou.

Une solution de compromis qui est tout particulièrement recommandée pour les premiers mois est *d'amener le lit du bébé près du vôtre*. C'est évidemment la meilleure solution (à la fois pour les parents et pour l'enfant), qui permet également une douce transition après ces 9 mois de fusion ou d'intimité intense entre la mère et son enfant. De cette façon, il est plus facile pour le bébé et la mère de se retrouver ensemble pendant la nuit (pour l'allaitement/les boires, pour le rendormir lors des réveils nocturnes, etc.). Le repos de maman en sera par la même occasion facilité.

Cette période de transition devrait cependant être limitée à quelques semaines ou mois, après quoi l'enfant devrait regagner sa chambre, son lit, son environnement. Plus on attend, plus l'enfant risque d'éprouver de la difficulté à s'adapter et à faire des nuits complètes seul.

Pourquoi les enfants aiment-ils partager notre lit ?

Les causes peuvent être multiples. Mis à part le fait que notre lit leur semble toujours plus chaud, plus confortable et plus grand que le leur, c'est souvent par recherche de sécurité ou de réconfort.

On le sait, la nuit est une période de séparation de longue durée pour l'enfant. Ce *sentiment d'isolement*, combiné à la *peur* ou l'*insécurité*, contribue à pousser les enfants à venir nous rejoindre à la première occasion (en se glissant très discrètement dans notre lit !).

Une autre raison possible : une période de grands changements, causant de l'angoisse, de la peur, de l'insécurité ou du stress. Ces changements peuvent troubler le sommeil de notre enfant, qui recherchera

alors le réconfort voulu en nous rejoignant au lit. Ce peut être le cas lors d'une séparation ou d'un divorce, lors d'un déménagement, ou à l'arrivée d'un nouvel enfant dans la famille...

Dois-je accepter qu'il nous rejoigne la nuit ?

Il n'est pas souhaitable de laisser notre enfant prendre l'habitude de nous rejoindre au lit, en pleine nuit (et la terminer avec nous !). Il risque d'en conclure qu'il est incapable de passer au travers la nuit *seul*, ce qui *accentue son insécurité* et risque à la longue de causer bien des maux de tête aux parents !

Il est préférable de ne permettre ce petit privilège qu'*occasionnellement* (le matin ou lorsque l'enfant est malade, par exemple), sinon cette habitude risque d'être difficile à perdre. Il faut bien comprendre que les parents ont tendance à accepter que les enfants les rejoignent au lit pour plusieurs raisons :

* ils croient parfois que c'est la bonne façon de les sécuriser ;
* ils manquent d'énergie (il est plus facile de les laisser faire que de les raccompagner à leur lit) ;
* ils ont tendance à surprotéger leurs enfants ;
* ils se servent de leurs enfants comme prétexte lorsque leur couple ne va pas très bien ;
* ils ont eux-mêmes de la difficulté à se séparer de leurs enfants (cela fait donc leur affaire !).

Bien qu'il soit fréquent et normal que nos enfants aient le réflexe de nous rejoindre lors des réveils nocturnes, il est conseillé *de les raccompagner dans leur lit*, les réconforter et les border afin qu'ils se rendorment. L'utilisation d'une veilleuse, d'un doudou ou de petite musique peut aussi aider à les sécuriser. Il faut leur faire comprendre qu'ils peuvent nous rejoindre, mais seulement le matin, lorsque le soleil est « debout » par exemple. Ces règles doivent être claires et bien suivies, sinon tout sera à recommencer.

Bref, il faut aider notre enfant à se sécuriser dans son environnement, à dormir seul, étape importante qui permet à notre enfant de grandir!

Comment faire cesser cette habitude?

L'enfant doit d'abord bien comprendre le message: c'est chacun dans son lit! Ce message doit être clair et les parents doivent être constants (ne pas accepter de temps en temps qu'il déroge à la règle sans motif valable), sinon l'enfant saura qu'il peut tenter sa chance et il en profitera.

Les parents doivent donc faire preuve de patience, de persévérance ainsi que de constance. Les premières nuits risquent d'être mouvementées: les parents devraient donc choisir une période de grande disponibilité pour amorcer ce processus (lors d'un long congé, par exemple).

Voici quelques trucs:

∗ Utilisez un tableau de motivation (pour les enfants de 2 à 3 ans). Remettez un collant à l'enfant le matin lorsqu'il a fait dodo toute la nuit dans son lit.

∗ Mettez une veilleuse et laissez sa porte ouverte pour qu'il puisse vous entendre parler ou vaquer à vos occupations. (Les enfants adorent les bruits familiers; cela les sécurise. Ils n'aiment pas le silence.)

∗ Ramenez l'enfant dans son lit chaque fois qu'il vient vous retrouver. Parlez-lui doucement, dites-lui qu'il est capable de faire dodo seul dans son lit. Pour les plus petits, consolez-les lorsqu'ils manifestent leur désaccord d'être seul dans leur lit (par des pleurs).

∗ Particulièrement au début, restez avec le bébé dans sa chambre jusqu'à ce qu'il se rendorme. Progressivement, vous serez en mesure de quitter la pièce dès qu'il sera réconforté.

∗ Évitez les interventions excessives: menacer de fermer sa veilleuse, de fermer sa porte, de le laisser pleurer seul sans vous déplacer... Nous nous devons de prendre conscience que la nuit est un moment souvent très insécurisant pour tous les enfants. Soyons donc compréhensifs!

Il faut retenir que le succès est souvent synonyme de persévérance et de constance. Bien souvent, si nous maintenons nos interventions pendant quelques semaines, le problème risque fort d'être résolu. Malgré tout, il se peut très bien que ce comportement revienne plus tard (lors de cauchemars, d'une poussée de dents...), et on doit alors reprendre le tout. Avec un enfant en développement, rien n'est vraiment acquis pour toujours !

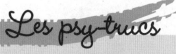

Les psy-trucs

1. Éviter de coucher l'enfant avec soi. En bas âge, il est plutôt conseillé d'amener le lit de l'enfant près du sien (pour quelques semaines/mois).

2. Raccompagner l'enfant à son lit chaque fois qu'il rejoint la chambre des parents (le réconforter, le sécuriser pour qu'il se rendorme).

3. Être constant : Ne pas accepter *de temps en temps* qu'il nous rejoigne la nuit. Il peut en être autrement si l'enfant est malade ou si c'est le matin !

4. Éviter les interventions excessives (menacer de fermer la porte ou d'éteindre la lumière).

5. Utiliser un tableau de motivation (pour les enfants de 2 à 3 ans). Remettre un collant à l'enfant le matin lorsqu'il a fait dodo toute la nuit dans son lit !

Il mord sans arrêt,

que faire ?

Les questions que tout parent se pose :

* **Est-ce que tous les enfants mordent ?**
* **Pourquoi mordent-ils ?**
* **Comment doit-on réagir ?**

Est-ce que tous les enfants mordent ?

Presque tous les enfants ont, un jour ou l'autre, le besoin ou la tentation de mordre. En bas âge, l'enfant ne peut exprimer ses émotions verbalement (douleur, peur, colère, frustrations) et a donc tendance à s'exprimer par des gestes tels que mordre, pousser, pincer...

De plus, tous les enfants passent par la phase de développement appelée « phase orale » (de 0 à 3 ans, mais plus intensément entre 12-18 mois) pendant laquelle ils découvrent le monde qui les entoure par la bouche. Normal qu'ils veuillent parfois mordre... !

Pourquoi mordent-ils ?

Les enfants peuvent mordre pour plusieurs raisons :

* *Il peut s'agir d'un comportement relié à la phase orale.* Cette période se situe entre 0 et 3 ans, mais est plus intense entre 12 et 18 mois. Pour un enfant de cet âge, mordre est un jeu ou un moyen de découvrir son environnement. Pour lui, mordiller votre bras et mettre son hochet dans la bouche ont la même signification. Il ne faut donc pas surréagir comme parent puisque l'enfant ne mord pas par mauvaise volonté, mais bien parce qu'il est en développement.
* *Notre enfant peut avoir un soudain désir de mordre lors de la poussée des dents.* Ce peut être le cas particulièrement entre 6 mois

et 2 ans. L'enfant peut alors vivre certaines périodes de poussées dentaires (percée des dents) intenses le poussant à mordre pour se soulager. Tout parent sait à quel point ces périodes peuvent être assez douloureuses pour nos tout-petits et peuvent affecter grandement leur humeur en général (l'enfant est maussade, pleure beaucoup, ne dort pas bien...). La morsure devient alors une méthode de soulagement que les parents devraient essayer de compenser par des anneaux de dentition (de préférence froids) ou des débarbouillettes froides qu'il pourra mordiller à volonté !

✳ *Notre enfant est en état de surexcitation.* Mordre peut devenir, pour certains enfants de 1 à 2 ans, une façon extrême de vous embrasser ou de manifester qu'ils vous aiment. Cela survient souvent lorsqu'ils sont en état de surexcitation. Une période de jeu ou de joie intense peut provoquer le besoin de nous donner un baiser... qui peut faire mal !

✳ *Certains enfants vont mordre en guise de réaction à un nouvel événement dans leur vie.* Certains événements peuvent devenir une source de mécontentement ou même de stress (déménagement, arrivée d'un bébé, changement de garderie, etc.). À l'arrivée d'un nouveau-né, par exemple, l'enfant peut être tenté d'utiliser cette technique pour nous démontrer qu'il est jaloux. Le nouveau-né exige souvent beaucoup d'attention des parents. En mordant, l'enfant veut nous dire que ce bébé le dérange, qu'il prend trop de place... Bien entendu, il mord parce qu'il ne maîtrise pas le langage pour nous exprimer tout cela en ses mots.

✳ *Il peut s'agir d'un moyen de s'affirmer.* Mordre peut être une façon de s'opposer à l'autorité ou aux autres en général (dans un groupe d'amis). L'enfant veut s'affirmer. Celui qui est dans sa phase du non (la phase du terrible 2 ans) peut développer ce réflexe en guise d'opposition (voir « Non, non et non... le *Terrible Two* », page 155). Il utilise cette méthode pour exprimer sa colère, son mécontentement ou tout simplement pour confronter ses parents.

En fait, mordre est souvent un moyen de communication utilisé par l'enfant qui ne peut s'exprimer efficacement par la parole... Mais il ne faut pas le laisser faire pour autant !

Comment doit-on réagir ?

Dans tous les cas, il ne faut pas le laisser faire et il est nécessaire d'intervenir rapidement. Il faut passer le message que ce mode de communication n'est pas acceptable ni toléré. Tout est par contre dans la façon d'intervenir !

Surtout ne jamais le mordre !

Même si certaines personnes de votre entourage vous parlent de cette méthode supposément « efficace », ce n'est pas la bonne solution. L'enfant ne comprendrait pas votre geste. En mordant un enfant, on se place à son niveau, on perd de notre autorité et cela insécurise l'enfant. De plus, répondre à un comportement agressif par un autre n'est pas vraiment un bel exemple et nous éloigne du modèle positif que nous devrions être pour nos enfants. Finalement, cette réaction peut entraîner un début de confrontation et risque de générer de l'hostilité entre vous et l'enfant.

Un « NON » ferme !

Un « non » ferme saisira l'enfant et permettra de lui passer le message sans équivoque que son geste n'est pas acceptable. Selon l'âge, vous pouvez ensuite l'inciter à présenter ses excuses.

Ne jamais dire qu'il est méchant...

Ne jamais dire à l'enfant qu'il est méchant ou pas gentil ; cela ne fera que lui mettre cette image de lui-même en tête et il aura peut-être tendance à agir de façon à répondre à une telle image (pour nous donner raison). Il faut plutôt dire à l'enfant que ce n'est pas une bonne idée, ce n'est pas un bon comportement. Le message qu'on lui lance est alors centré sur l'action qu'il vient de commettre et non sur sa personnalité.

Faire diversion

Dès l'intervention complétée (le « non » ferme, par exemple), il est conseillé de faire diversion ou d'éviter de mettre l'accent sur l'incident ou les raisons qui auraient poussé l'enfant à agir ainsi (ne pas dramatiser le geste). Si nous redirigeons notre attention ailleurs, il comprendra qu'il n'obtient pas notre attention (qu'il n'aura donc pas gain de cause) avec de tels gestes.

Ne pas questionner l'enfant sur ses motifs !

Ne pas lui demander pourquoi il a mordu son ami, son frère ou sa sœur. Il ne le sait pas lui-même ou sera incapable de vous l'exprimer. C'est à l'adulte de verbaliser à l'enfant les raisons qui l'ont probablement poussé à mordre.

Exemple : « Même si tu es en colère parce que ton ami t'a enlevé ton jouet, ce n'est pas une bonne idée de le mordre. On ne mord pas. Ça fait mal, comme pour toi quand tu es tombé de la balançoire ce matin. On partage... Maintenant, viens, on va prendre un autre jouet... »

En cas de récidive (pour les 2 à 3 ans)

Dans le cas où les morsures surviendraient à répétition, il faut augmenter le niveau d'intervention. L'utilisation d'une chaise de réflexion peut être souhaitable, et ce, pour une très courte durée (1 minute tout au plus ; c'est suffisant pour un enfant de cet âge). L'utilisation d'un sablier est intéressante dans la mesure où l'enfant peut visualiser l'aspect temps de sa conséquence. Il ne sert à rien de le laisser trop longtemps, sinon on risque de vivre un autre conflit avec l'enfant, qui voudra se relever de sa chaise (ce qui n'est pas le but de l'intervention). Notre objectif est simplement de calmer l'enfant, de lui faire prendre conscience de son geste et de lui apprendre à se contrôler.

Dans tous les cas, les parents doivent être attentifs et essayer de trouver les raisons qui poussent l'enfant à mordre. S'il mord constamment son petit frère, c'est sans doute parce qu'il a l'impression de manquer d'attention ou d'affection. C'est à nous d'ajuster notre tir et, selon son âge (son niveau de compréhension), on peut le rassurer, lui expliquer. Bref, il faut essayer de trouver les mots qui décrivent ses émotions, ces mots qu'il a justement tant de difficulté à communiquer !

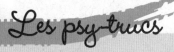

Les psy-trucs

1. Comprendre que, pour la plupart des enfants, mordre peut être un moyen d'exprimer ses émotions.

2. Ne jamais tolérer ce geste (toujours intervenir).

3. Ne jamais mordre l'enfant en guise d'intervention.

4. Ne pas le traiter de « méchant » ou utiliser des commentaires négatifs de la sorte. Il essaie simplement de s'exprimer.

5. Ne pas dramatiser le geste (ce qui lui accorderait trop d'importance ou d'attention).

6. Utiliser une chaise de réflexion si le comportement persiste (et pas plus de 1 minute !).

Maman ! Maman !
J'ai fait un mauvais rêve !

Les questions que tout parent se pose :

* Pourquoi se réveille-t-il la nuit ?
* Quels sont les différents types de troubles du sommeil ?
* Comment réconforter mon enfant lorsqu'il a fait un cauchemar ?
* Quand doit-on s'inquiéter de la fréquence des cauchemars ?
* Comment réduire les cauchemars ?

Pourquoi se réveille-t-il la nuit ?

Les troubles du sommeil comptent parmi les problèmes le plus souvent soulevés par les jeunes parents. Les fameuses nuits blanches ou écourtées représentent la principale cause de stress et de difficultés à surmonter chez les nouveaux parents. Ceux-ci s'attendent tous à devoir franchir cette étape avec leur nouveau-né, mais il en va tout autrement lorsque l'enfant atteint l'âge de 2 ou 3 ans. On peut alors parler de trouble du sommeil : terreurs nocturnes, cauchemars, somnambulisme...

Les troubles du sommeil perturbent autant les parents que les enfants. Les parents se plaignent de fatigue et d'irritabilité causées par la détérioration de leur propre sommeil. Il faut donc être à l'écoute et trouver des solutions pour que l'enfant retrouve son sommeil.

Il faut comprendre que les problèmes de sommeil sont passagers et font partie du développement normal de l'enfant. *Aucun enfant ne dort toutes ses nuits de la naissance à 5 ans,* et les parents sont tous confrontés, un jour ou l'autre, à un enfant qui refuse de s'endormir, qui se réveille la nuit ou qui fait des cauchemars. Selon certaines recherches, 70 % des enfants de 2 ans refusent d'aller dormir, 30 à 50 % des enfants de 2 ans se réveillent au moins une fois la nuit et 40 % des enfants de 4 ans font un cauchemar tous les 15 jours.

Quels sont les différents types de troubles du sommeil ?

Les troubles du sommeil sont fréquents dans ce groupe d'âge et apparaissent surtout sous forme d'insomnie, de cauchemars, de terreurs nocturnes ou même occasionnellement sous forme de somnambulisme.

Insomnie

À cet âge, l'insomnie est souvent reliée à la peur du noir. Lorsqu'il fait noir, l'enfant perd ses repères, ce qui laisse cours à son imagination si fertile. C'est la forme la plus commune des troubles du sommeil (voir « Il y a un monstre dans mon placard ! », page 161).

Cauchemars

Les cauchemars sont beaucoup plus fréquents chez les enfants que chez les adultes, chez qui une fréquence élevée peut être signe de problèmes émotionnels importants. Chez l'enfant, les cauchemars débutent vers 2 ou 3 ans, période durant laquelle ils sont en pleine évolution psychologique et en pleine croissance cérébrale. Cela marque une étape importante dans leur évolution qui coïncide avec le développement de leur imagination. C'est donc un bon signe !

Étant donné qu'à cet âge, la pensée logique des enfants n'est pas très développée, ils ont du mal à discerner ce qui est réel ou pas (monstres, sorcières, méchants, chevaliers...) et ont également du mal à faire face aux émotions négatives comme l'agressivité ou la peur (dispute des parents, peur d'un animal, etc.). Ces émotions sont alors amplifiées par leur imagination et contribuent à alimenter leurs cauchemars.

Tous les enfants font des cauchemars, c'est presque inévitable. Ils sont dans une période d'apprentissage et d'adaptation intense (apprendre à marcher, à respecter les consignes, à aller à la garderie...), ce qui génère stress ou pression contribuant à alimenter certains cauchemars. On dit parfois que la nuit permet de « digérer » ce que l'enfant acquiert pendant le jour... Normal que ces nuits soient parfois agitées !

Il est à noter que d'autres facteurs externes peuvent alimenter les cauchemars de nos tout-petits. Certains événements familiaux tels que des conflits dans le couple, une séparation, un déménagement ou l'arrivée d'un petit frère ou d'une petite sœur peuvent influencer le sommeil de notre enfant.

Finalement, plus notre enfant est sensible et imaginatif, plus il risque de réagir différemment devant ces événements et plus il sera enclin à faire des mauvais rêves (et cela, peut importe ce qu'il a mangé la veille!). Ces cauchemars ont par contre l'avantage de permettre d'évacuer les tensions de leur journée, de se libérer peu à peu des craintes ou peurs qui font partie de son quotidien.

Les terreurs nocturnes

Alors que les cauchemars font peur aux enfants, les terreurs nocturnes effraient surtout les parents par l'intensité des manifestations: l'enfant s'agite, s'assoit, se jette de son lit en hurlant, balbutie, crie, semble avoir des hallucinations; il a l'air terrorisé, en sueur, il a les yeux ouverts mais ne vous voit pas... Normal que cela nous trouble comme parent!

Bref, il semble être dans un autre monde et rien ne sert d'essayer de le réveiller! Dans de tels cas, les parents doivent éviter de paniquer (ou d'entrer dans le rêve de leur enfant) et de le brusquer en voulant à tout prix le réveiller ou le sortir de sa terreur! Il faut simplement lui parler calmement, le réconforter. Sa respiration reprendra alors un rythme normal et il finira par se rendormir après quelques minutes, comme si rien ne s'était passé et sans se souvenir de cet épisode.

Bien que les parents soient habituellement très inquiets quant à ces manifestations nocturnes, *il faut retenir qu'elles sont banales à cet âge et sont sans conséquence* pour la santé de l'enfant. Elles ne nécessitent aucun traitement ou consultation sauf en cas de répétition sur une longue période (plusieurs fois par semaine, et ce, pendant plusieurs mois).

Le somnambulisme

Bien que le somnambulisme soit plus fréquent chez les enfants de 6 à 10 ans (surtout chez les garçons), il peut se manifester occasionnellement dès l'âge de la marche. L'enfant se met alors à déambuler un peu maladroitement, les yeux ouverts, mais en ayant l'air endormi, et ce, bien calmement.

Il est fortement déconseillé de réveiller un enfant somnambule. Il faut plutôt lui parler calmement et le reconduire doucement à sa chambre. Il se laissera faire et se rendormira rapidement, sans avoir de souvenir de ce qui s'est passé le lendemain.

Comment réconforter mon enfant lorsqu'il a fait un cauchemar?

Il faut tout simplement faire ce que la plupart des parents ont intuitivement le réflexe de faire : lui parler calmement en le prenant dans nos bras, lui dire que c'est un mauvais rêve et qu'en réalité, rien de ce qu'il a rêvé ne s'est produit ou n'existe. Il ne faut pas négliger les peurs de notre enfant, qui a un réel besoin d'être rassuré, sans toutefois se lancer dans de grandes et longues explications ou lui demander de nous raconter en détail le cauchemar, ce qui aurait pour effet de briser définitivement le sommeil de l'enfant. Mieux vaut revenir sur le sujet le lendemain matin... si l'enfant s'en souvient!

Bref, il *faut réconforter* l'enfant et surtout ne pas le laisser à lui-même après lui avoir *banalement* dit que ce n'était qu'un cauchemar, en pensant qu'en faire plus relèverait du caprice. Bien qu'il soit tentant et plus facile d'inviter l'enfant à dormir avec nous, il est conseillé de prendre le temps nécessaire afin qu'il se rendorme dans son propre lit.

Quand doit-on s'inquiéter de la fréquence des cauchemars ?

Normalement, vers l'âge de 5 ou 6 ans, l'enfant commence à faire la diffé-rence entre le rêve et la réalité. Puis, à partir de 7 ou 8 ans, les cauchemars diminuent et vont être de plus en plus rares vers l'âge de 9 ans. Si, malgré cela, l'enfant fait beaucoup de cauchemars et de façon constante (chro-nique), c'est peut-être un signe qu'il est en détresse ou qu'il est affecté émotivement. Il faudrait alors s'interroger sur les situations stressantes ou émotives que vit l'enfant et peut-être demander du soutien extérieur pour en déterminer les causes et amoindrir leurs effets sur l'enfant.

Comment réduire les cauchemars ?

Voici quelques trucs afin de réduire la fréquence des cauchemars :

* Lui laisser un élément sécurisant pour dormir (toutou, doudou...).
* Faire dormir l'enfant avec une veilleuse.
* Laisser la porte ouverte et lui dire que l'on n'est pas loin.
* Essayer de réduire ses préoccupations : inspecter sous le lit, examiner la garde-robe... L'enfant sera alors rassuré, ce qui l'aidera à trouver le sommeil.
* Avoir une routine du dodo apaisante (histoires ou chansons douces, sans éléments effrayants).
* L'aider (le jour, de préférence) à verbaliser ses peurs, ce qui le tracasse (les sources de stress ou d'angoisse).
* Éviter les activités très stimulantes peu avant le coucher (jeux vidéo, films intenses, activités physiques...).
* Dans le cas de peurs précises (monstres ou autres), lui deman-der de dessiner l'objet de ses craintes et s'amuser par la suite à le modifier (lui ajouter un sourire, lui mettre un chapeau...). Cela permettra d'amoindrir son effet négatif sur l'enfant.
* Essayer le capteur de rêves. On l'accroche à la porte de la chambre et les mauvais rêves y restent piégés. (Si l'enfant pré-tend que ça ne fonctionne pas, essayer de le vider... il est sûre-ment trop plein de cauchemars !)

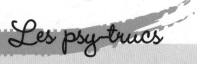

Les psy-trucs

1. Ne pas laisser l'enfant pleurer. Il faut se lever et aller le réconforter jusqu'à ce qu'il soit suffisamment apaisé pour se rendormir.

2. Éviter toute activité intense avant le dodo (avoir une routine apaisante).

3. Sécuriser l'enfant : utiliser un doudou, un toutou, une veilleuse, inspecter sa chambre avec lui...

4. Être à l'écoute de ses préoccupations (à la garderie, à la maison). Elles sont peut-être source de cauchemars.

5. Utiliser le capteur de rêves (très efficace pour ce groupe d'âge).

L'entraînement à la propreté...
tout un défi !

Les questions que tout parent se pose :

* À quel âge un enfant peut-il être propre ?
* Comment reconnaître que mon enfant est prêt ?
* Comment s'y prendre pour faciliter l'entraînement à la propreté ?
* Que fait-on quand l'enfant résiste ?

Mettre fin aux couches constitue une étape importante dans le développement de l'enfant. On pourrait dire que c'est, en quelque sorte, l'étape qui marque le passage de bébé à enfant. L'enfant veut acquérir plus d'autonomie et c'est cette quête d'indépendance qui le motivera à devenir propre. Il n'y a pas de méthode miracle, mais en respectant le rythme de votre enfant et en demeurant à l'écoute de celui-ci, vous partez gagnant !

À quel âge un enfant peut-il être propre ?

On entend souvent dire qu'un enfant devrait normalement être propre à 2 ans, mais la réalité peut être différente : cela dépend de chaque enfant, de sa maturité physique et affective. Les filles, par exemple, le sont souvent bien avant les garçons.

La majorité des enfants seront propres de jour entre l'âge de 2 et 3 ans et cela peut aller jusqu'à 4 ans pour la nuit (particulièrement les garçons). En fait, il serait judicieux de considérer la propreté de jour et de nuit comme deux étapes différentes qui seront réalisées en deux temps pour la majorité des enfants. Une chose est sûre : bien que ce ne soit pas très agréable pour les parents, il ne faut pas s'inquiéter si cette étape n'est pas acquise avant l'âge de 4 ans, après quoi il est conseillé de consulter un médecin afin de s'assurer qu'il n'y a pas de problème physique sous-jacent.

Il faut comprendre que l'acquisition de la propreté n'est pas innée (contrairement à la marche, par exemple); c'est plutôt un apprentissage qui demande du temps et de la patience... surtout de la part des parents!

Ce qui complique parfois les choses, c'est la volonté des parents de passer cette étape sans se soucier de savoir si leur enfant, lui, est prêt. Certains parents traitent même l'entraînement à la propreté un peu comme une compétition sportive qui fait honneur au parent lorsqu'elle est réussie très jeune!

Chaque enfant a son propre rythme de développement et la meilleure façon de l'aider est de respecter celui-ci, et ce, même si le petit voisin est propre, lui!

Comment reconnaître que mon enfant est prêt?

L'âge de l'acquisition de la propreté (2 à 3 ans) varie en fonction de la *maturité* de l'enfant, tant sur le plan *physique* qu'*affectif*. Sur le plan physique, l'enfant doit avoir une certaine maîtrise du sphincter pour être en mesure de retenir ses selles et ses urines. Sur le plan affectif, sa maturité va lui permettre de bien comprendre ce que l'on attend de lui, rendant ainsi l'entraînement beaucoup plus facile.

Maturité physique

L'acquisition de la grande motricité est souvent un bon indice de maturité physique, qui peut être décelée en observant les comportements suivants:

* marcher;
* se relever facilement après avoir trébuché;
* monter/descendre un escalier;
* être capable de baisser et relever ses pantalons tout seul;
* garder ses couches au sec pendant de longues périodes de temps.

Ces accomplissements indiquent que votre enfant a une maturité neuromusculaire suffisante pour l'apprentissage de la propreté.

Maturité affective

La maturité affective de l'enfant se traduit par une capacité de comprendre ce qu'on attend de lui et par la motivation qu'il démontre. Les signes de maturité peuvent être les suivants :

* il est capable de retenir/comprendre des consignes ;
* il veut nous imiter, il veut faire comme les grands ;
* il ressent de plus en plus d'inconfort dans sa couche sale ;
* il nous informe qu'il est « mouillé » ou « sale » ;
* il nous demande d'essayer les toilettes.

L'enfant qui accepte d'aller aux toilettes le fait parce qu'il accepte de grandir.

Bien que notre enfant puisse avoir la maturité affective et physique appropriée, il se peut très bien qu'il ne soit pas prédisposé à entamer ce processus. Ce peut être le cas, par exemple, d'un enfant qui est dans sa phase d'opposition, pendant laquelle il répète le mot « non » toutes les 30 secondes ! (Voir le chapitre « Non, non et non... le *Terrible Two* » page 155). À ce stade de développement, l'enfant vit beaucoup d'ambivalence, il a souvent des sentiments partagés. Il a le goût de plaire, de faire plaisir à ses parents, et en même temps, il veut les confronter pour leur démontrer que c'est lui qui décide ! Il doit donc être sorti de cette phase d'opposition intense pour avoir le goût de nous faire plaisir ! Si notre enfant est dans cette phase, mieux vaut retarder l'entraînement à la propreté. Laissez passer la crise d'opposition intense et votre enfant n'en sera que plus réceptif par la suite.

Finalement, n'oubliez pas qu'un enfant évolue rapidement dans ce groupe d'âge. Ce qui peut vous apparaître comme impossible une semaine peut être acquis la semaine suivante. Il faut comprendre que grandir demande du temps et de la patience, mais on doit surtout respecter le rythme de l'enfant.

Comment s'y prendre pour faciliter l'entraînement à la propreté ?

D'abord, il serait bon que cet entraînement soit entrepris par un des parents. Cette étape est bien trop importante pour être confiée à d'autres (grands-parents, gardiennes…). C'est une transition majeure dans le développement de l'enfant puisqu'elle marque le passage de bébé à enfant ! D'ailleurs, l'enfant qui réussit à devenir propre ressent généralement une immense fierté : il est grand maintenant ! Il est donc tout à fait souhaitable que cette transition soit faite en présence des personnes les plus significatives pour lui : les parents.

Autres points à considérer afin de faciliter cet apprentissage :

* Trouver le bon moment et la disponibilité nécessaire : par exemple, pendant un long congé (pendant lequel on est plus disponible et patient).
* Éviter d'entamer ce processus pendant la crise d'opposition intense de l'enfant.
* Essayer de commencer au printemps ou à l'été (alors que l'enfant a beaucoup moins de vêtements ; ça évite bien des petits accidents !).
* Féliciter souvent l'enfant.
* Être tolérant et s'attendre aux petits accidents… Surtout, éviter de punir ou de surréagir (éviter de traiter l'enfant de bébé lala !). Le rassurer (« La prochaine fois, on réussira, c'est tout »). Être patient et de bonne humeur.
* Choisir des vêtements faciles (qu'il peut baisser et relever rapidement et facilement !).
* Utiliser un « petit pot » ; cela peut grandement aider dans certains cas, car le petit pot est moins impressionnant que la toilette. L'enfant sera plus en sécurité puisque ses pieds toucheront le sol (il sera plus stable).
* Être présent (surtout les premières fois) afin de le réconforter ou de le rassurer au besoin.

* Utiliser un tableau de motivation si besoin est (avec collant pour chaque réussite).

* Préparer l'enfant à cette transition par le biais de livres, d'histoires (petit garçon ou petite fille qui va sur le petit pot...). De cette façon, l'enfant s'identifiera au personnage et voudra l'imiter.

Que fait-on quand l'enfant résiste ?

Dans ce cas, on arrête tout et on recommence quelques semaines ou quelques mois plus tard. Il est important de ne pas mettre trop de pression parce que l'enfant vivrait une grande insécurité, développerait une réticence à réessayer et pourrait même régresser. *Il faut respecter son rythme.*

Cette insécurité peut être due au fait que les enfants ne comprennent pas bien ce qui se passe : ils ont parfois peur de tomber dans le bol ou même d'être emportés par la chasse d'eau !

Cette étape peut également être plus difficile à traverser pour les enfants qui vivent une période de bouleversements (séparation, divorce, déménagement, arrivée d'un petit frère ou d'une petite sœur). Ces bouleversements peuvent amener certains enfants à régresser au point d'avoir même à nouveau recours temporairement à la couche ou à la tétine !

Le mot clé est *FLEXIBILITÉ*. Les parents peuvent croire que leur enfant est prêt... Mais si ce dernier manifeste intensément son désaccord (crise, refus d'aller sur la toilette, pipi dans le bain alors qu'il vient d'aller sur le pot...), il est préférable de remettre le tout à plus tard. Dans de tels cas, les parents doivent éviter d'interpréter ce refus comme un échec de leur part ou comme une victoire de leur enfant ! Ils doivent plutôt voir leur recul comme une preuve qu'ils sont à l'écoute de leur enfant. D'ailleurs, faire preuve d'autorité absolue peut générer des problèmes d'agressivité puisque l'enfant maintiendra son attitude d'opposition. On ne peut obliger un enfant à devenir propre. On peut en revanche l'encourager, le soutenir et lui donner des moyens pour lui faciliter la tâche. Voilà notre rôle comme parent.

Réussir du premier coup n'est pas l'objectif... même si tous les parents le souhaitent! Certains parents croient, à tort, qu'un enfant qui atteint le stade de la propreté rapidement est plus doué ou plus intelligent qu'un autre. D'autres se laissent influencer par leur entourage qui exerce de la pression inutilement (« Il n'est pas encore propre ? »).

À éviter :

* Ne pas dire à l'enfant qu'il fait de la peine à ses parents parce qu'il refuse de faire pipi ou caca dans la toilette.
* Ne pas le chicaner ou le traiter de bébé.
* Ne pas le laisser dans ses excréments de longues périodes de temps sous prétexte que cela lui donnera l'envie d'être propre plus rapidement.

Lorsqu'un enfant devient propre, c'est une grande réussite pour lui. Évitons d'en faire une réussite personnelle. Nous devrions être contents **pour notre enfant...** Cette étape signifie qu'il est en contrôle de son corps et qu'il vient de faire un pas plus vers l'autonomie.

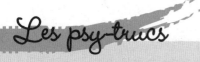

Les psy-trucs

1. Attendre que l'enfant montre certains signes de maturité (respecter son rythme).

2. De préférence, l'entraînement à la propreté devrait se faire par les parents (qui seront témoins d'une étape fort importante dans la vie de leur tout-petit).

3. Choisir une période de grande disponibilité (congés...).

4. Essayer de commencer au printemps ou à l'été (alors que l'enfant a beaucoup moins de vêtements !).

5. Éviter de commencer dans la période d'opposition intense de l'enfant.

6. Être présent avec lui (à la toilette), surtout les premières fois, afin de le réconforter, de le rassurer, de l'encourager et de le féliciter au besoin.

7. Ne pas mettre trop de pression sur l'enfant (éviter de le chicaner).

8. Utiliser un livre ou un calendrier pour l'encourager et le motiver.

Mon enfant me fait des crises :

comment les gérer ?

Les questions que tout parent se pose :

* **À partir de quel âge les enfants font-ils des crises ?**
* **Est-ce que tous les enfants font des crises ?**
* **Comment doit-on intervenir ?**
* **Une fois la crise terminée, comment récupérer ?**
* **Comment prévenir les crises ?**

À partir de quel âge les enfants font-ils des crises ?

Vers l'âge de 18 mois, l'enfant sociabilise davantage, il entre en contact avec un plus grand nombre de personnes et il est plus conscient de ses capacités et de son identité propre. Il voudrait pouvoir décider plus souvent, s'affirmer davantage, s'opposer.

Il se met alors à faire des colères pour des riens : un bonbon ou un jouet qu'on lui refuse, une promenade qu'il ne veut pas faire... Il pleure, bouscule, crie, se chamaille, refuse d'obéir et fait parfois des crises qui peuvent vraisemblablement nous mettre dans l'embarras !

Puisqu'il sait généralement parler à cet âge, ces colères sont accompagnées de « non » incisifs ou de phrases qui font parfois mal : « Tu es méchante », « Je t'aime plus »... L'enfant entre donc dans une nouvelle étape de sa vie caractéristique des enfants de 1 à 3 ans. C'est le début de sa transition de bébé à enfant, pendant laquelle il bâtit sa propre identité.

Est-ce que tous les enfants font des crises ?

Tous les enfants passent par cette transition, mais elle peut être vécue à des niveaux d'intensité différents. Les crises sont très fréquentes et *parfaitement normales*, particulièrement pour les très jeunes enfants, parce qu'ils n'ont pas encore appris à exprimer convenablement leurs désirs, besoins ou frustrations. N'ayant pas la maturité et les moyens (ou le vocabulaire) pour s'exprimer d'une manière « acceptable » socialement, les crises deviennent leur seul recours.

Il y a également les enfants qui ont découvert que les crises étaient un bon moyen d'attirer l'attention sur eux ou d'obtenir ce qu'ils voulaient, moyen qu'ils utilisent donc à répétition !

C'est donc une phase difficile pour les parents, mais aussi pour les enfants. Il faut faire preuve de patience et prendre conscience que cette situation est généralement temporaire, puisque vers l'âge de 3 ans, les crises diminuent et deviennent de plus en plus occasionnelles.

Comment doit-on intervenir ?

Une chose est claire : il faut intervenir. Nous devons comme parent établir les limites à respecter et user adéquatement de notre autorité tout en faisant preuve de souplesse : voilà le défi ! Les parents sont donc souvent tiraillés entre la crainte d'être trop sévère et celle de ne pas l'être assez.

Voici quelques recommandations en cas de crise :

* *Ne pas se montrer complètement indifférent :* Ne pas faire comme si rien ne se passait, quitter l'enfant en changeant de pièce et le laisser à lui-même dans sa crise. Celui-ci exprime un sentiment et le laisser à lui-même pourrait être perçu comme de l'indifférence par rapport à ce qu'il vit. Une telle situation est assez troublante pour un enfant de cet âge !

* *Surtout ne pas rire de lui ou le dénigrer* devant cet excès de colère. Une humiliation de la sorte (devant sa tentative de communiquer) ne serait certainement pas bénéfique pour son estime de soi.

* *Ne pas réagir par la colère ou en criant :* Garder en tête qu'il ne fait que s'exprimer ! Bien que, devant une forte réaction, l'enfant aura tendance à arrêter sa crise, il n'en deviendra que plus apeuré, angoissé ou affolé.

* *Éviter les rapports de force ou la confrontation* visant à arrêter à tout prix la crise. Cela peut provoquer une escalade qui n'est certainement pas souhaitable.

✳ *Ne pas isoler l'enfant pendant sa crise ou l'envoyer dans sa chambre.* Il a besoin de réconfort et d'écoute !

✳ *Ne pas intervenir en tentant de lui expliquer ou lui faire la morale,* cela risque tout simplement d'allonger ou d'accentuer la crise.

✳ *Lui parler pendant sa crise afin de le calmer.* Lui dire : « Calme-toi, viens me voir », « O.K., ça suffit maintenant, non c'est non, viens me voir... » Il n'est pas question ici de le sermonner, mais de désamorcer la crise, le calmer quelque peu pour ensuite être en mesure de le prendre, le réconforter.

✳ *Éviter les crises en présence de « spectateurs ».* L'enfant sait que sa crise a plus d'effet dans ce contexte et que le parent sera beaucoup plus attentif à sa requête (étant plus embarrassé). En cas de crise en public, l'amener dans une autre pièce ou à l'extérieur du magasin pour le calmer.

✳ *Éviter de se résigner et de lui accorder ce qu'il réclame.* Cela ne peut qu'augmenter la fréquence des crises... puisqu'il verra que cette méthode fonctionne !

Une fois la crise terminée, comment récupérer ?

Lorsque la crise est terminée, il faut être en mesure de récupérer et de faire la paix. Pour un enfant de cet âge, une crise est un moyen de communication assez violent et très éprouvant. Ce n'est pas pour rien qu'il est si affecté après celle-ci : il sanglote, tremble, hoquette...

Il faut donc le rassurer. Prenez-le dans vos bras, cajolez-le, réconfortez-le, dites-lui que vous l'aimez malgré la crise qu'il vient de faire ! Dites-lui : « Bon, c'est fini. Ça va mieux maintenant, mon petit trésor ? » Il sera réconforté et *comprendra que, malgré tout ça, il n'a pas eu ce qu'il voulait,* ce qui devrait réduire la fréquence des crises.

Bref, il s'agit d'accepter l'émotion (« Je comprends ta colère, ta frustration »), mais refuser la méthode utilisée (crise) pour l'exprimer. Le parent pourra par la suite essayer de comprendre l'origine de la crise, et voir si ce besoin pourrait être comblé la prochaine fois, afin d'éviter une autre crise !

Comment prévenir les crises ?

La meilleure façon d'éviter la crise est de faire comprendre à notre enfant que ce comportement, bien qu'il soit compréhensible, n'est pas toléré, et d'être attentif à ce qu'il veut exprimer. En comprenant l'origine des crises, les parents seront en mesure de bien saisir les besoins de leur enfant (besoin d'autonomie, par exemple) et pourront y répondre dans le calme.

Constance et fermeté

Une partie de la solution repose également sur la *constance* et la *fermeté*, deux éléments de base dans toute intervention auprès des enfants. Sans ces deux éléments, les crises seront inévitables et risquent de devenir persistantes.

Constance

Toujours avoir les mêmes règles, les mêmes permissions. Ne pas accepter un comportement une journée et le tolérer le jour suivant. Les règlements ne doivent pas non plus changer selon l'humeur du parent !

Fermeté

Ne pas exprimer son désaccord en « demandant », mais plutôt en « exigeant » que l'enfant cesse le comportement en question. Des interventions du genre de : « Est-ce que tu pourrais s'il te plaît arrêter de crier ? » ne sont pas très efficaces, surtout devant un comportement persistant. Faire preuve de fermeté, c'est exercer une autorité claire... sans brutalité.

Ainsi, notre enfant sera mieux encadré, connaîtra les limites et fera la distinction entre ce qui est accepté et ce qui ne l'est pas. Cet encadrement clair fait en sorte que l'enfant aura moins tendance à « tester » les parents, ce qui permet d'éviter certaines crises.

Il faut bien comprendre que la fermeté et la constance doivent être *appliquées par les deux parents,* sinon l'enfant se tournera toujours vers celui qui est le plus permissif, ce qui contrecarrera tous les efforts faits par l'autre.

Éviter la confrontation automatique

On peut également prévenir les crises en évitant la confrontation automatique. Même si vous n'êtes pas d'accord avec ce que votre enfant a dit ou fait, le «non» automatique n'est pas toujours la meilleure solution et peut devenir l'élément déclencheur d'une crise. Sans céder à toutes ses demandes, on peut négocier, faire diversion ou accéder, parfois, à quelques-unes d'entre elles *sous certaines conditions.*

Lui offrir des choix

On peut également lui proposer certains choix : cela lui donne alors l'occasion de prendre lui-même la décision et évite l'imposition, qui est souvent source de frustrations chez l'enfant en quête d'autonomie.

Renforcement positif

Un autre moyen de prévenir ou réduire les épisodes de crise est le renforcement positif : n'hésitez pas à féliciter votre enfant s'il accepte votre choix ou s'il a exprimé son mécontentement autrement qu'en piquant une crise.

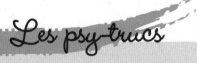

Les psy-trucs

1. Prendre conscience que le jeune s'exprime (maladroitement) par ses crises.

2. Sans être complètement indifférent à la crise, ne pas surréagir (pas de rires, dénigrements, colère ou cris). Il faut simplement désamorcer la crise.

3. Éviter d'isoler l'enfant (dans sa chambre...) ou de le punir.

4. Ne pas succomber à sa demande, sinon il saura que cette méthode fonctionne.

5. Après la crise, prendre l'enfant, le consoler. Il sera réconforté et réalisera que la crise n'a pas permis d'obtenir gain de cause.

6. Éviter la confrontation ou les « non » automatiques. Négocier ou lui donner des choix ou des conditions (ce qui encourage l'autonomie).

« C'est juste à moi, bon ! »
Leur apprendre à partager

Les questions que tout parent se pose :

* **Est-ce normal que mon enfant refuse de partager ses jouets ?**
* **À partir de quel âge devrait-il comprendre qu'il faut partager ?**
* **Comment aider mon enfant à partager ?**
* **Comment intervenir s'il ne veut pas partager ?**

Le désir de posséder et le refus de *partager* constituent une source fréquente de conflits chez nos tout-petits. Bien que ce genre de comportement soit tout à fait normal, il est difficile pour les parents qui ont à cœur l'éducation de leur enfant de supporter l'idée que celui-ci veuille tant accaparer tous les jouets ou qu'il refuse catégoriquement de partager les siens.

Est-ce normal que mon enfant refuse de partager ses jouets ?

Tous les enfants éprouvent de la difficulté à partager leurs jouets et c'est parfaitement normal. La générosité et le partage ne sont malheureusement pas des comportements naturels ou innés chez nos tout-petits. Au contraire, ils ont plutôt un instinct de possession fort développé, ce qui rend l'apprentissage du partage si difficile. En fait, les parents ne devraient pas s'attendre à ce que cette notion soit acquise avant l'âge de 3 ou 4 ans.

Bien que notre enfant puisse aimer être en compagnie des autres amis, il se montre généralement indifférent à leurs besoins, ne tient compte que de ses propres désirs et protège constamment son espace personnel et ses jouets. Tout cela fait partie du développement de son identité. C'est en bâtissant sa propre identité qu'il sera par la suite en mesure de faire preuve d'ouverture vers les autres et de saisir leurs besoins.

Notre enfant n'est donc pas « méchant » pour autant, il est simplement et naturellement égocentrique, comme tous les enfants de son âge. Tout ce qu'il peut atteindre lui appartient... même l'objet entre les mains de son voisin qui apparaît soudainement plus désirable ! Et gare à celui qui tentera de l'accaparer !

À partir de quel âge devrait-il comprendre qu'il faut partager ?

La notion de partage s'acquiert progressivement entre l'âge de 2 et 4 ans. Avant cela, l'enfant a de la difficulté à saisir :

* la notion de propriété (ce qui est *vraiment* à lui) ;
* la durée de temps (ce qui l'empêche de patienter avant d'obtenir quelque chose, d'attendre son tour) ;
* les besoins des autres (empathie).

L'empathie, requise pour le partage, est une qualité qui ne se développe progressivement qu'entre 2 et 4 ans.

À partir de 2 ans, l'enfant commence également à distinguer ce qui lui appartient vraiment (SON pyjama, SA poupée) de ce qu'il peut partager (la balançoire, les jouets...). On entend souvent les enfants dire à cet âge des choses telles que « à moi », « à Rosalie, la couche... », « le camion à Antoine ». Les parents peuvent alors les aider à faire cette distinction afin qu'ils éprouvent un *sentiment de sécurité* par rapport aux objets qui leur appartiennent. Pour qu'un enfant accepte de partager, il faut d'abord qu'il soit certain que son jouet *est et sera toujours* à lui, même si quelqu'un d'autre joue avec. Il comprendra donc, progressivement, la notion de propriété qui est nécessaire à l'apprentissage du partage.

Évidemment, il en va tout autrement des jouets « communs » et la situation se complique particulièrement dans les services de garde, où la plupart des objets « appartiennent » à tout le monde ! C'est d'ailleurs une source de conflits importante. Les parents et les éducateurs ont

alors un rôle important à jouer afin de sensibiliser l'enfant au partage et l'aider à évoluer.

Comment aider mon enfant à partager ?

C'est à partir de 2 ans que les parents peuvent commencer à sensibiliser leur enfant à la notion de justice, à lui montrer les avantages du partage ou de l'échange et à l'amener à être de plus en plus à l'écoute des amis qui l'entourent. C'est un apprentissage qui nécessite évidemment de la patience de la part des parents et éducateurs.

Voici quelques éléments qui peuvent aider :

* Si l'enfant reçoit un nouveau jouet, lui laisser le temps de jouer avec avant de le partager. Les enfants en bas âge ont besoin de ce temps pour *s'approprier* leur chose. Après avoir « possédé » pleinement leur jouet, il leur sera plus facile de le partager.

* Ne pas demander à l'enfant de partager certains objets sécurisants ou spéciaux à leurs yeux tels que toutou, doudou, poupée, couverture... Il faut plutôt, comme parent, protéger son droit de les posséder en exclusivité.

* Inculquer progressivement la notion d'échange : lui expliquer que s'il emprunte un jouet, il peut en prêter un en échange, qu'il pourra récupérer par la suite...

* Rien ne sert de forcer les enfants à jouer ensemble (avec un même jouet). À ces âges, ils sont plus enclins à « jouer en parallèle » (dans la même pièce, mais avec des jeux ou des jouets différents).

* Encourager les enfants à jouer chacun leur tour avec les jouets et à les échanger après un certain temps (quelques minutes généralement). De plus, en leur rappelant que le temps de l'échange approche, ils seront plus ouverts à faire l'échange.

* Indiquer à l'enfant ce qui lui appartient et ce qui appartient aux autres (les bottes ou le camion de Jonathan, mais la poussette de Chloé...). Pour qu'un enfant accepte de partager, il faut d'abord qu'il soit conscient que ses choses sont et resteront toujours à lui (sécurité).

✳ Permettre à l'enfant d'avoir un endroit personnel où il pourra mettre ses jouets à l'abri. S'il ne développe pas cette notion de sécurité ou n'a pas eu l'occasion de «posséder pleinement» ses objets, il ne pourra apprendre à les partager.

✳ Éviter de tout acheter en double. Bien que cette façon de procéder soit adéquate dans bien des cas (poupées, camions) et évite plusieurs situations de conflit, il doit quand même y avoir des jouets communs (blocs, ballon) afin que les enfants soient confrontés au partage et à l'obligation d'attendre leur tour.

✳ Éviter de mettre *tous les jouets* en commun. Mieux vaut un équilibre. Votre enfant a besoin de savoir que certaines choses sont à lui.

✳ Se souvenir que l'on doit être un modèle. Donner l'exemple, montrer à l'enfant des situations concrètes de partage (entre parents ou entre parent et enfant). Bref, valoriser le partage, ce qui aura sûrement, à la longue, un effet positif sur l'enfant.

✳ Essayer de provoquer des situations dans lesquelles l'enfant doit partager («Il ne reste qu'une pomme: un petit morceau à chacun?», «J'ai acheté des bonbons pour tout le monde, on les sépare...»).

✳ Féliciter toute démonstration de partage de la part de l'enfant. Il se sentira alors bien et aura tendance à reproduire le geste.

Comment intervenir s'il ne veut pas partager?

✳ S'il s'agit d'un nouveau jouet ou d'un objet sécurisant ou spécial à ses yeux (doudou, toutou...), ne pas le forcer à le partager. Il faut au contraire respecter son besoin.

✳ Éviter de punir, gronder ou même dénigrer l'enfant (le traiter d'égoïste). Cela ne sert à rien et ne fait que renforcer son besoin de s'attacher à ses jouets. Il aura alors encore plus de difficulté à partager la prochaine fois.

✳ Ne pas le forcer à partager. Il faut évidemment l'inciter au partage, lui expliquer les avantages de partager ou d'échanger, mais

sans, au bout du compte, le forcer. S'il refuse toujours de partager, expliquer à l'autre enfant que son ami n'a pas envie, pour
l'instant, de prêter son jouet et qu'il peut réessayer plus tard.
Dans le cas d'un objet *qui n'appartient pas* à l'enfant, proposer
une période de temps, après quoi il devra le laisser aux autres.

Il faut donc encourager les enfants au partage, mais en même
temps, il faut demeurer réaliste. Le concept de partage est un apprentissage complexe ; il faut donc leur laisser du temps et faire preuve de
patience et de tolérance.

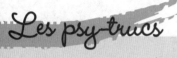

Les psy-trucs

1. Provoquer des situations de partage : partage d'une pomme, de
   bonbons, d'un jouet (à tour de rôle...).

2. Ne pas punir l'enfant ou le dénigrer s'il refuse de partager (lui dire
   qu'il est égoïste, méchant...).

3. Ne pas forcer l'enfant à partager un objet qui lui appartient. Insister
   quelque peu, expliquer l'importance de partager et réessayer plus
   tard s'il refuse toujours.

4. Ne pas acheter les jouets en double : on ne fait que remettre le
   problème à plus tard !

5. Encourager l'enfant à jouer à tour de rôle et à échanger les jouets
   après un certain temps.

6. Féliciter l'enfant à la moindre démonstration de partage ou
   d'empathie envers les autres.

« Non, non et non »...
le Terrible Two !

Les questions que tout parent se pose :

* **Pourquoi est-il si difficile tout à coup ?**
* **Qu'est-ce que la phase du non ou le *Terrible Two* ?**
* **Pourquoi veut-il tout faire tout seul ?**
* **Un tel changement est-il normal ?**
* **Comment peut-on faciliter le passage du *Terrible Two* ?**

Pourquoi est-il si difficile tout à coup ?

Votre enfant passe soudainement du petit ange au petit démon qui s'oppose à tout ce qu'on lui demande ou propose ? Il répond toujours par un « non » catégorique, sans que vous ne sachiez trop pourquoi ? Il fait des crises régulièrement et en apparence pour rien ?

Si votre enfant a entre 18 et 24 mois, c'est probablement parce qu'il est dans sa phase de transition de bébé à petit enfant. C'est ce qu'on appelle la « phase du non » ou le *Terrible Two* !

Qu'est-ce que la phase du non ou le *Terrible Two* ?

Au début de sa vie, le bébé est dans une « période fusionnelle ». Sa maman et lui ne font qu'un. Il n'est pas conscient qu'il est une personne à part entière et il dépend entièrement de nous. Puis, au cours de son développement, le bébé comprend le « je suis », réalise qu'il est différent. C'est le début de l'affirmation : la phase du non.

La phase du non, communément appelée le *Terrible Two*, est cette période d'opposition qui caractérise la plupart des enfants vers l'âge de 2 ans. C'est une période intense (pour eux comme pour les parents !) qui marque le début de leur transition de bébé à enfant et pendant laquelle ils bâtissent leur propre identité.

Cette phase est caractérisée par une opposition importante : non au dodo, non au bain, non au souper... Les crises peuvent faire partie intégrante de cette opposition, avec quelques variantes : coups de pied, fuite, etc.

Pourquoi veut-il tout faire tout seul ?

La durée, la fréquence des manifestations et le niveau d'intensité de la phase du non peuvent varier d'un enfant à l'autre. Il y en a, d'ailleurs, pour qui cette étape ne se manifestera pas tant par de l'opposition que par le besoin de vouloir *tout faire tout seul* !

Les enfants découvrent à ce moment de leur vie leur capacité d'exécuter certaines tâches eux-mêmes. C'est une source de valorisation. Ce sentiment d'autonomie leur donnera le goût d'apprendre et de montrer avec fierté « qu'ils sont capables », ce qui peut aiguiser la patience de papa ou maman, qui voient des tâches simples prendre beaucoup plus de temps que prévu !

Ce désir de vouloir faire les choses tout seul peut évidemment s'accompagner de pleurs, frustrations ou crises, puisque l'enfant n'a pas toujours toutes les capacités requises pour effectuer une tâche donnée. Possédant en plus un vocabulaire très limité, il lui est souvent difficile de communiquer son idée, ce qui est source de frustrations et de crises.

Un tel changement est-il normal ?

Il est clair que cette période, qu'on appelle parfois la « première adolescence », est normale et essentielle au bon développement de l'enfant. La négativité des tout-petits (cette fameuse période du non) est parfaitement naturelle et *n'est pas un signe que notre enfant est indiscipliné ou difficile*.

Certains parents se sentiront personnellement visés par ces comportements, mais ce sera sans raison, puisque les enfants disent parfois non sans motifs valables et sans réfléchir (ils diront même non aux choses agréables !). Ils le font simplement pour protester ou exprimer une frustration (celle d'avoir de la difficulté à attacher ses souliers, par exemple).

En fait, il n'est pas souhaitable de punir les enfants qui s'affirment ainsi. Leur petite révolte ne devrait pas être vue comme une mauvaise habitude qu'il faut absolument « casser ». Plus ils s'approcheront de l'âge de 3 ans, moins ils ressentiront le besoin de s'affirmer aussi intensément.

Comment peut-on faciliter le passage du *Terrible Two* ?

Bien que cette phase (et tout ce qui vient avec) constitue un processus normal du développement de notre enfant, cela ne veut pas dire pour autant que les parents doivent tout subir passivement. Notre enfant a toujours besoin d'encadrement et, surtout, de limites ou repères afin de développer son sentiment de sécurité personnelle. Sans ces balises, l'enfant risque de devenir anxieux.

Les parents doivent donc établir un cadre clair tout en faisant preuve de souplesse, de compréhension et de flexibilité.

Voici quelques conseils :

* Ne pas punir l'enfant (pas de retrait dans sa chambre ou de retrait de privilège). Il s'exprime, simplement !

* Imposer ses limites avec constance (en maîtrisant la crise s'il y a lieu) : exiger de l'enfant ce que l'on juge *non négociable* (heure du dodo, bain, repas...).

* En cas de crise, ne pas être complètement indifférent (en le laissant faire). Intervenir fermement (pour envoyer le message que ce comportement, bien qu'il soit compréhensible, est inacceptable), puis être attentif à ce que l'enfant exprime. De cette façon, le parent l'aide à se maîtriser tout en lui apportant le réconfort dont il a tant besoin.

* Essayer de détourner son attention vers une autre activité.

* Ne pas utiliser le dénigrement pour exprimer son désaccord. Les propos tels que « Tu es méchant » ou « Tu n'es qu'un bébé lala » ne font qu'accentuer l'opposition chez l'enfant.

* L'encourager à prendre des initiatives et l'aider seulement lorsqu'il en exprime le besoin. Lui dire des choses comme : « Fais un bout seul et ensuite je terminerai avec toi. » Les enfants appartenant à ce groupe d'âge ont besoin de se sentir bons, de se sentir capables : il faut donc éviter de leur dire qu'ils ne peuvent pas accomplir telle ou telle tâche. Au pis aller, lui laisser au moins le réaliser par lui-même !

✳ Accepter que l'enfant puisse revenir vers ses petites habitudes de « bébé » lorsqu'il en ressent le besoin (se servir de son doudou, se faire bercer...).

✳ Laisser l'enfant prendre certaines décisions, ce qui l'aidera à s'affirmer (choix de collation, de vêtements...).

✳ Le prévenir d'avance de ce qui l'attend (activités, dodo, bain, fin d'une activité...). Les enfants détestent l'inconnu et auront tendance à s'opposer devant les faits accomplis. Prévenir les sécurise.

Finalement, il est important que les parents réalisent que malgré ce besoin intense d'affirmer son identité, malgré ce désir d'indépendance, leur enfant a toujours besoin de réconfort et de sécurité. Il a besoin de sentir qu'on l'aime. Alors armons-nous de patience, de compréhension et veillons à ne pas cesser de leur apporter ce réconfort en guise de représailles devant leur comportement !

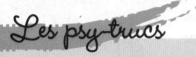

Les psy-trucs

1. Comprendre que la phase du non est une étape normale et essentielle au bon développement de l'enfant.

2. Ne pas le punir : il tente seulement de s'exprimer, de développer sa propre identité.

3. Imposer ses limites : il doit respecter ce qui n'est pas négociable (heure du dodo...).

4. Encourager son autonomie et l'aider seulement lorsqu'il en exprime le besoin.

5. Accepter que l'enfant puisse revenir de temps à autre vers ses petites habitudes de « bébé » (qu'il demande, par exemple, à se faire bercer ou à serrer son doudou).

Il y a un monstre
dans mon placard !

Les questions que tout parent se pose :

* **Est-ce que tous les enfants ont des peurs ?**
* **À quel âge débutent les peurs ?**
* **Comment réagir comme parent ?**

Est-ce que tous les enfants ont des peurs ?

Tous les enfants ressentent de la peur, à un moment ou un autre : peur de la noirceur, des chiens, des monstres, du tonnerre. C'est tout à fait normal d'avoir des peurs : elles font même partie du processus normal de développement de l'enfant.

Les peurs proviennent généralement d'expériences que l'enfant ne comprend pas et qui semblent menaçantes. C'est une réaction normale qui a un rôle de protection : le stress qui en découle permet d'augmenter les capacités de réaction et de mémorisation du danger.

Certains enfants sont plus craintifs que d'autres et développent par conséquent plus de peurs. Ces peurs sont aussi plus fréquentes chez les enfants de 2 à 6 ans puisque leur monde imaginaire est en pleine expansion !

La peur de la noirceur est probablement la plus courante chez les tout-petits de 1 à 3 ans. Dans l'obscurité, notre enfant perd ses repères, perd le contrôle de son environnement, ne voit plus son doudou ou le décor rassurant de sa chambre. Il se sent démuni et se retrouve dans un environnement qui laisse libre cours à sa grande imagination... Ce n'est pas pour rien qu'il pleure ou qu'il ressent le besoin de nous appeler pour se faire rassurer !

À quel âge débutent les peurs ?

Bien que les peurs puissent apparaître dès la naissance (peur des bruits, peur de tomber...), elles se manifestent beaucoup plus à partir du 10e mois, âge au cours duquel l'enfant commence à distinguer le connu de l'inconnu. Sa conscience de ce qui lui est inconnu ou des situations qui ne lui sont pas familières augmente le risque des peurs. D'ailleurs, c'est à partir de cet âge que certains enfants commencent à ne plus aimer être pris par des gens peu familiers. Ils développent alors, vers l'âge de 18 mois, une crainte ou une peur des étrangers, ce qui correspond à ce qu'on appelle l'angoisse de la séparation.

Les enfants de cet âge sont aussi effrayés par des événements quotidiens qui ne causaient pourtant pas de problèmes jusqu'alors : peur du tonnerre, de l'aspirateur, de certains bruits intenses...

À partir du 18e mois, le monde imaginaire de l'enfant est en pleine expansion, ce qui provoque la peur des monstres, de la noirceur... La peur du noir ou de la nuit est souvent la première à apparaître. Alors qu'auparavant, il dormait sans lumière et la porte fermée, maintenant, il pleure et hurle lorsque vous fermez la lumière. La raison en est toute simple : lorsqu'il se réveille la nuit, il prend conscience qu'il est seul et, dans le noir, il perd tous ses repères habituels. Il se sent alors complètement perdu et en danger.

Cet éveil du monde imaginaire (surtout vers l'âge de 2 à 5 ans) fait en sorte que l'enfant confond le monde réel et irréel. La pensée logique des jeunes enfants n'étant pas encore bien développée, ils ont du mal à discerner ce qui est réel et ce qui est imaginaire, d'où la peur des sorcières, fantômes, monstres...

De 2 à 4 ans, certains enfants développent également des peurs passagères : peur des orages, des chiens, des médecins, des clowns... D'autres auront développé ces peurs en voyant la réaction excessive des autres devant un événement. Ainsi, être témoin de la peur intense ou de la réaction d'horreur d'un autre devant une araignée ou un serpent peut pousser votre enfant à développer la même crainte !

Dans tous les cas, il ne faut pas s'inquiéter, puisqu'en général, de telles peurs finissent par disparaître par elles-mêmes ou seront surmontées grâce au soutien et à la compréhension des parents.

Comment réagir comme parent ?

Les peurs de notre enfant peuvent nous apparaître rationnelles (peur des loups, des chiens...) ou irrationnelles (peur des fantômes, des mons- tres). Dans tous les cas, les parents doivent les prendre au sérieux et réaliser que le sentiment de peur est bien réel pour l'enfant. Cette prise de conscience permettra au parent de répondre adéquatement à ses besoins premiers : se faire réconforter et rassurer afin de développer un sentiment de sécurité qui l'aidera à avoir le courage d'affronter et de surmonter sa peur.

Voici quelques éléments à considérer relativement aux peurs de l'enfant :

* Se rappeler que la peur de l'enfant est bien réelle pour lui. Ne pas traiter cette peur à la légère en se moquant de sa réaction.

* Ne pas surréagir devant les peurs de l'enfant ou être surpro- tecteur. Si le parent manifeste son inquiétude ou son instinct de protection de façon excessive devant l'enfant en pleurs ou en crise, il pourrait bien involontairement renforcer cette peur. L'enfant pourrait croire qu'il y a vraiment quelque chose à craindre !

* Éviter d'avoir peur soi-même ! Du moins, essayer de contrôler sa propre réaction, puisque celle-ci risque de renforcer la peur de l'enfant.

* Comprendre qu'il puisse avoir peur, mais ne pas entrer dans sa logique. Le rassurer tendrement. Lui dire, par exemple : « Je sais que tu as peur des monstres, mais ça n'existe pas, il n'y en a pas. »

* Ne jamais forcer l'enfant à affronter sa peur avant qu'il ne soit prêt à le faire.

* Dans le cas d'un enfant en très bas âge (0 à 18 mois), il est pré- férable d'éviter de le mettre dans la situation qui l'apeure (pas- ser l'aspirateur en son absence par exemple). De toute façon, ces peurs sont souvent passagères !

* Essayer de désensibiliser graduellement l'enfant à l'objet ou la situation qui lui fait peur tout en respectant *son rythme*. S'il a peur des chiens et qu'il se sent prêt à affronter sa crainte, l'encourager à s'approcher doucement d'un chien, étape par étape. Puis, s'il se sent capable, l'encourager à le toucher *en même temps* qu'on touche le chien soi-même, tout en réconfortant l'enfant et en le rassurant (le prendre dans ses bras si nécessaire). Sa peur diminuera graduellement.

* Féliciter l'enfant. Lorsque celui-ci a réussi à affronter sa peur ou à y faire face petit à petit (sans nécessairement l'avoir combattue), il faut le féliciter abondamment. Souligner même les petites réussites ; cela l'encouragera à continuer ses progrès. Chaque étape est importante et il faut qu'il le sache.

* Ne pas critiquer l'enfant s'il n'est pas prêt à affronter sa peur. La critique ne fera qu'accentuer son sentiment d'insécurité.

* Préparer l'enfant aux situations qui lui font peur : lui expliquer, par exemple, qu'il va y avoir un clown à la fête, et cela, avant d'arriver. Le rassurer en lui expliquant que le clown est gentil, qu'il est son ami... Ce sont des éléments qui ne peuvent que l'aider à se sentir en sécurité ou, du moins, à réduire l'intensité de sa réaction.

* Parler souvent avec l'enfant des choses qui lui font peur *afin d'en profiter pour le rassurer* ; lui expliquer qu'il n'a pas à avoir de craintes et qu'il peut surmonter sa peur. Ces discussions permettront d'amoindrir les émotions négatives lorsqu'il y sera de nouveau confronté.

* Aborder le sujet de sa peur par divers moyens tels que des marionnettes ou des poupées, des livres, des histoires inventées, le dessin... Ces moyens l'aideront à banaliser l'objet de sa crainte (à le rendre moins apeurant).

Les parents doivent faire preuve de compréhension et de patience et ne pas hésiter à réconforter l'enfant qui en a besoin.

Il faut comprendre que la majorité des peurs sont normales et même *bénéfiques*, puisque l'enfant qui devra les surmonter réussira à acquérir un meilleur sentiment de sécurité personnelle. Le fait d'avoir des peurs donne l'occasion à l'enfant de les surmonter et, par conséquent, de grandir et d'en ressortir plus confiant qu'auparavant. Ce n'est donc pas lui rendre service que de vouloir le préserver à tout prix de toute situation qui « pourrait » l'apeurer. La surprotection ne lui permet pas de faire face à ces situations de la vie si enrichissantes malgré tout !

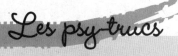

Les psy-trucs

1. Ne pas traiter les peurs de l'enfant à la légère ou se moquer de lui. Il faut le réconforter, le sécuriser.

2. En bas âge (0 à 18 mois), éviter de le confronter avec ses peurs.

3. Ne pas surréagir devant l'enfant qui a peur ou être surprotecteur.

4. Ne jamais forcer un enfant à affronter sa peur (il doit être *prêt* à le faire).

5. Essayer de désensibiliser graduellement l'enfant à sa peur en respectant son rythme.

6. Encourager et féliciter l'enfant à chaque petit progrès qu'il fait.

7. Aborder le sujet de sa peur : discussions, livres, marionnettes, dessins, afin de banaliser l'objet de sa crainte et l'aider à la surmonter.

La famille s'agrandit !
Comment préparer mon enfant ?

Les questions que tout parent se pose :

* **Comment préparer notre enfant à l'arrivée d'un petit frère ou d'une petite sœur ?**
* **Après la naissance, que faut-il faire pour favoriser l'acceptation du nouveau bébé ?**
* **Que faire en cas de jalousie, d'agressivité ou de régression ?**

Comment préparer notre enfant à l'arrivée d'un petit frère ou d'une petite sœur ?

L'arrivée d'un autre enfant dans la famille demande souvent une préparation différente de celle qui est requise pour un premier enfant. L'arrivée du premier implique des changements sur le plan du couple et des habitudes de vie, alors que celle d'un 2e ou 3e enfant nécessite plutôt une préparation «familiale», plus particulièrement pour les enfants, qui devront «partager» le temps des parents.

Conseils pour préparer un enfant à l'arrivée d'un nouveau-né

* Expliquer à l'enfant ce qui va se passer, la démarche, et ce, tout au long de la grossesse.
* Faire les changements nécessaires (mobiliers, chambres...) avant l'arrivée du bébé. Si l'enfant doit changer de chambre, essayer de procéder au déménagement bien avant que le nouveau-né emménage !
* Ne pas refuser d'accorder de l'attention à l'enfant pendant la grossesse («Maman ne peut pas te bercer à cause de son ventre»).
* Calmer ses inquiétudes. Les changements physiques de maman, les petits malaises, les rendez-vous chez le médecin : voilà de quoi inquiéter un enfant ! Lui expliquer que tout est normal et sans danger.

* Éviter de le décevoir: ne pas lui donner l'illusion qu'il aura un compagnon de jeu idéal, que ce sera plaisant pour lui. Il ne peut qu'être déçu devant ce petit être fragile, inactif, qui pleure et requiert tant l'attention de ses parents.

* *Utiliser les multiples livres d'histoire qui existent sur l'arrivée d'un petit frère ou d'une petite sœur.* En plus de créer des rapprochements, la lecture de ces contes permettra à l'enfant de comprendre ce qui va arriver, de s'exprimer et, au bout du compte, de se préparer à l'arrivée du nouveau-né.

Après la naissance, que faut-il faire pour favoriser l'acceptation du nouveau bébé?

Le comportement à éviter à tout prix à l'arrivée du petit dernier est de délaisser le «plus vieux» en mettant toute notre attention sur le nouveau-né!

Les parents doivent être particulièrement attentifs aux besoins de tous leurs enfants et continuer à accorder du temps privilégié à l'enfant plus âgé (jeux, contes, moments d'affection). Cela est tout particulièrement vrai pour les mamans, qui ont parfois tendance à s'occuper exclusivement du nouveau-né (en se disant que le père va prendre la relève pour ce qui est de l'aîné). Les enfants ont autant besoin de leur mère que de leur père. Ils ont besoin de se faire rassurer quant à l'amour que leurs parents leur portent. Il faut donc, comme parent, tenter de réagir positivement à ce besoin et être à l'écoute des comportements parfois dérangeants de l'aîné en les interprétant comme des façons d'obtenir de l'attention.

Il est à noter que les besoins de notre enfant à l'arrivée d'un nouveau-né demeurent les mêmes qu'avant. Certains parents ne voient pas les choses ainsi et ont parfois tendance à élever automatiquement les exigences envers leur premier d'un cran. *Il faut se rappeler que même si les aînés d'une famille nous apparaissent soudainement «gigantesques» par rapport au nouveau-né, il n'en demeure pas moins qu'ils n'ont bien souvent que 2, 3 ou 4 ans!* Ne leur demandons donc pas de «vieillir» plus vite pour autant!

Voici donc quelques conseils :

* Redoubler d'attention envers l'aîné, être à son écoute.
* Essayer de conserver les mêmes habitudes qu'auparavant avec lui : lui lire des histoires, le bercer, faire des jeux.
* Lui préparer un cadeau de la part du bébé et le lui offrir lors du retour de l'hôpital.
* Ne pas l'empêcher d'entrer en contact avec le nouveau-né (lui permettre de le toucher, de le cajoler, de lui donner des becs).
* Le faire participer aux petites tâches liées au bébé (lui demander d'aller chercher une couche, d'apporter la tétine...). Ce sont des occasions de le remercier et de le valoriser dans son nouveau rôle d'aîné ! Il risque même d'y prendre goût.
* Réserver des moments privilégiés et exclusifs avec l'enfant (sortie, repas au resto...).

Que faire en cas de jalousie, d'agressivité ou de régression ?

Il est évident que l'arrivée d'un petit frère ou d'une petite sœur est un événement important dans la courte vie de notre enfant. C'est le début de l'apprentissage du partage, du respect de l'autre, bref, le début de la vie sociale. Certains enfants répondent difficilement à cette situation et peuvent réagir sous forme d'agressivité ou de régression.

Agressivité

Malgré toute la préparation effectuée par les parents, il se peut très bien que certains enfants développent de la jalousie et même de l'agressivité envers le nouveau-né, expression de la peur de perdre leur place. C'est une source d'inquiétude fréquente chez les parents. Certains enfants vont frapper, pincer ou faire de gros câlins qui étouffent afin de faire comprendre qu'ils ne sont pas bien dans cette nouvelle réalité.

Ces enfants craignent de ne plus être aimés autant et n'aiment pas l'idée de devoir tout partager (attention, jouets, temps...).

La famille s'agrandit ! Comment préparer mon enfant ?

Ces réactions sont normales et les parents doivent en être conscients. Ils doivent éviter les réactions excessives (punitions répétitives et exagérées, isolement dans la chambre, propos dénigrants tels que « T'es pas gentil » « Tu es méchant »...). Ces réactions des parents ne feront que jeter de l'huile sur le feu et peuvent même donner raison à l'enfant d'être jaloux !

Il faut plutôt privilégier la méthode douce et faire preuve de compréhension : faire comprendre à l'enfant l'impact de son geste et en même temps le sécuriser en lui verbalisant que nous comprenons qu'il trouve la situation difficile, mais qu'il n'a pas le droit de faire mal à son petit frère ou sa petite sœur.

Régression

Voyant que le nouveau venu obtient toute l'attention désirée de ses parents, certains enfants vont adopter des comportements similaires aux siens : ils vont régresser. Voici quelques comportements de régression :

* refuser de s'habiller ;
* sucer son pouce ;
* vouloir porter une couche ;
* parler en bébé ;
* faire pipi dans ses culottes ;
* vouloir un biberon.

Tous ces comportements sont temporaires et les parents ne doivent pas plier à ces soudaines demandes. On peut par contre « jouer au bébé », c'est-à-dire le prendre, le bercer (comme on fait avec le nouveau-né), mais sous forme de *jeu*.

Un autre moyen de compenser ce comportement de régression est de lui parler de sa naissance, de ce qu'il faisait quand il était bébé, de lui montrer des photos/vidéos... Les enfants adorent cela et cette façon de faire leur permet de réaliser qu'ils sont maintenant grands et capables de faire plein de choses que le petit frère ou la petite sœur ne peut pas faire !

Que ce soit sous forme d'agressivité, de jalousie ou de régression, le message envoyé par l'enfant est le même et il est clair : *il a de la difficulté à s'adapter à cette nouvelle situation ou il a besoin d'attention*. Il ne faut surtout pas tenir celui-ci responsable. C'est une situation normale dont nous devons tenir compte en tant que parent et il nous faut modifier notre attitude en conséquence.

*   Demandez-lui ce qui ne va pas, essayez de cerner ce qui le dérange le plus...
*   Observez à quel moment il réagit le plus (quand on berce le nouveau-né ?).
*   Évitez de le traiter de bébé ou de lui dire qu'il n'est pas gentil... Il faut comprendre qu'il ne fait que nous exprimer son désarroi, son inquiétude par rapport à cette nouvelle situation.
*   Ne lui demandez pas constamment de donner l'exemple (n'exigez pas de lui un comportement irréprochable sous prétexte qu'il est l'aîné !).
*   Évitez les comparaisons ; cela ne peut qu'accentuer le sentiment de jalousie.
*   Offrez-lui la possibilité d'imiter maman en lui offrant une poussette et une poupée. Les enfants aiment bien imiter les grands et cela l'aidera à grandir !

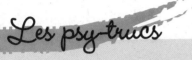

Les psy-trucs

1. Bien préparer l'enfant à l'arrivée du nouveau-né : expliquer ce qui se passe, les prochaines étapes et leur déroulement...

2. Faire les changements (mobiliers, chambres...) avant l'arrivée du bébé, surtout si l'enfant doit lui-même changer de chambre !

3. Raconter des histoires sur l'arrivée d'un petit frère ou d'une petite sœur (plusieurs livres existent sur le sujet).

4. Redoubler d'attention envers l'enfant à l'arrivée du nouveau-né (le bercer, lui raconter des histoires, etc.).

5. Faire participer l'enfant à la routine du bébé (lui demander d'apporter la couche...).

6. Éviter de le faire garder plus qu'à l'habitude.

7. En cas d'agressivité, de jalousie ou de régression, être à son écoute et redoubler d'attention envers lui. Il en a besoin !

8. Ne pas exiger soudainement un comportement irréprochable sous prétexte qu'il est maintenant l'aîné...

9. Ne pas refuser de le prendre parce que l'on s'occupe du nouveau-né (lui faire une petite place juste à côté de nous !).

Il refuse de se séparer de moi...

comment dois-je réagir ?

Les questions que tout parent se pose :

* Qu'est-ce que l'angoisse du 8e mois ?
* Pourquoi cette peur soudaine de se séparer de moi ?
* Est-ce que tous les bébés ressentent cette peur ?
* Combien de temps cela dure-t-il ?
* Comment dois-je réagir ?

Qu'est-ce que l'angoisse du 8e mois ?

Votre enfant si souriant et sociable manifeste soudainement, vers l'âge de 8 mois, une crainte, voire une peur déraisonnable, devant un visage inconnu ou peu familier ? Il se met à pleurer quand vous le quittez, même pour quelques secondes, ou lorsqu'une personne autre que vous ose le prendre dans ses bras ? N'ayez crainte, cette phase est tout à fait normale : c'est l'angoisse du 8e mois ou l'angoisse de séparation.

Il est à noter que cette phase se distingue de l'anxiété de séparation que certains enfants plus âgés peuvent vivre bien au-delà de leur 8e mois.

Pourquoi cette peur soudaine de se séparer de moi ?

L'angoisse de séparation est cette inquiétude soudaine, vers l'âge de 8 mois, d'être séparé de sa mère et est due à la découverte par l'enfant de son *individualité*.

Alors qu'il était auparavant en symbiose ou en période fusionnelle avec sa mère, il réalise soudainement qu'il est une personne à part entière, qu'il « existe » et qu'il est différent de maman. Il commence également à réaliser que maman peut s'en aller, le quitter et il ne comprend pas qu'elle puisse être ailleurs lorsqu'elle n'est pas dans son champ de vision. Il devient par conséquent très anxieux, ce qui explique ses multiples réactions d'inquiétude et de détresse lors des absences de celle-ci.

Est-ce que tous les bébés ressentent cette peur ?

Tous les enfants vivent cette « saine » angoisse. Elle est normale et même souhaitable. C'est une phase de transition essentielle au bon développement de l'enfant qui commence à :

* ✱ distinguer les personnes entre elles et à indiquer ses préférences (sa mère, son père...) ;
* ✱ acquérir progressivement la permanence de l'objet : à comprendre que les objets et les personnes *continuent d'exister* même s'il ne les voit plus ;
* ✱ développer sa propre identité.

L'intensité de cette angoisse peut évidemment varier d'un enfant à l'autre et est un bon indicateur du lien d'attachement qui s'est développé entre le bébé et ses parents. Un enfant qui n'aura pas eu la chance d'avoir un lien d'attachement et qui ne montrera pas de préférence entre un étranger et ses parents sera probablement peu affecté par la crainte d'être séparé d'eux.

Cette intensité peut également varier selon la personnalité de l'enfant (sociable ou timide, renfermé) et selon son mode de vie. Un enfant qui vit au sein d'une famille nombreuse ou qui est fréquemment en contact avec d'autres verra sa crise des 8 mois se manifester moins intensément.

Il est à noter qu'il n'est pas souhaitable de faire entrer son enfant à la garderie ou de le quitter pour de longues périodes pendant cette phase intense (entre 8 et 10 mois) au risque d'accentuer les pleurs et les crises.

Combien de temps cela dure-t-il ?

Cette période dure en général entre 3 semaines et quelques mois.

Si notre enfant s'accroche toujours à nous d'une façon excessive, il faudrait peut-être s'interroger sur notre attitude : encourage-t-on, sans s'en rendre compte, notre enfant à nous aimer d'une manière trop

exclusive ? Incite-t-on un peu trop notre enfant à aller vers les autres (le forçant même) ? Ces attitudes peuvent provoquer ou renforcer l'insécurité chez l'enfant et prolonger inutilement cette période de l'angoisse du 8e mois.

Comment dois-je réagir ?

Puisqu'il s'agit d'une période souvent intense pour l'enfant, il faut évidemment faire preuve de compréhension, de patience et lui offrir toute l'affection dont il aura besoin afin d'être sécurisé.

Les éléments suivants peuvent également l'aider à surmonter cette étape :

* À la maison, évitez de changer de pièce sans le prévenir.
* Si votre enfant pleure à la vue d'un étranger, prenez-le et consolez-le. Si c'est quelqu'un de plus familier, expliquez-lui : « N'aie pas peur, c'est ton oncle André... » Il sera rassuré et se montrera peut-être moins craintif la prochaine fois.
* Laissez d'autres adultes (grand-maman, etc.) prendre soin de lui plus souvent, même pour de très courtes périodes (surtout au début).
* Augmentez les occasions de sortir et de le faire entrer en contact avec de nouvelles personnes (ne vous empêchez pas de sortir).
* Jouez avec lui à cache-cache ou au coucou. En disparaissant et en réapparaissant, vous lui permettez d'apprivoiser son angoisse de séparation tout en jouant ! Cela le rassure de voir que les personnes ou les objets continuent d'exister, même après avoir disparu.
* Laissez le temps à votre enfant de s'adapter aux endroits ou aux gens qu'il ne connaît pas (afin qu'il s'habitue à eux).
* Ne forcez jamais votre enfant à aller vers quelqu'un sans qu'il le désire.

* Ne punissez ou ne grondez jamais votre enfant pour l'angoisse qu'il manifeste (c'est une réaction *normale* qu'il devra surmonter graduellement).

* Évitez de le faire entrer à la garderie pendant cette phase (attendez normalement après le 9e ou le 10e mois).

* Évitez les longues périodes d'absence des parents.

* Évitez les interminables au revoir quand vous le laissez. Pas besoin de longs discours ou d'«au revoir» à répétition qui pourraient donner raison à l'enfant de s'inquiéter. Dites-lui un beau bye-bye, donnez-lui un bisou et partez, tout simplement.

* De même, évitez de le laisser chez la gardienne ou de le quitter en vous sauvant en douce, en cachette. Dites-lui toujours au revoir tout en le rassurant quant à votre retour, sans quoi il sera inquiet de savoir que vous pouvez le quitter à tout moment sans qu'il le sache.

* Accompagnez-le la première fois chez la gardienne afin qu'il s'habitue tranquillement aux nouveaux visages. Il aura besoin de quelques jours pour s'adapter et votre présence favorisera cette adaptation.

* Dans le cas d'une gardienne à qui vous confiez votre enfant pour la première fois, restez en leur présence pour un certain temps (15 à 30 minutes) afin que l'enfant s'habitue à la gardienne.

* Offrez-lui un objet de transition pendant votre absence (un doudou, un vêtement qui porte votre odeur, etc.).

* Établissez des petits rituels au dodo ou à la sieste afin qu'il se familiarise avec ces séparations quotidiennes.

Les parents doivent être conscients que cette angoisse de séparation est bien réelle et faire en sorte que cette transition, ce passage obligé vers l'autonomie, soit faite le plus sereinement possible.

Il refuse de se séparer de moi... comment dois-je réagir ?

Les psy-trucs

1. Ne jamais forcer l'enfant à aller vers quelqu'un sans qu'il le désire.

2. Laisser le temps à l'enfant de s'adapter aux endroits ou aux gens qu'il ne connaît pas.

3. Ne pas punir ou gronder l'enfant.

4. À la séparation, éviter les interminables discours ou les « au revoir » à répétition. Paraître soi-même rassuré afin d'être rassurant !

5. Éviter de le quitter en douce. Toujours lui dire au revoir tout en l'assurant de son retour.

Racontez-leur
des histoires !

Les questions que tout parent se pose :

* À quel âge peut-on commencer à leur raconter des histoires ?
* Quels sont les bienfaits de la lecture aux enfants ?
* Dois-je intégrer la lecture à la routine quotidienne ?

La lecture avec maman ou papa est bien souvent une activité marquante dans la vie des enfants. C'est un moment privilégié pendant lequel l'enfant se retrouve chaleureusement blotti dans les bras de papa ou maman, tout collé, à écouter le son de sa voix. C'est un moment magique durant lequel le temps semble s'arrêter et toute l'attention de l'enfant est soudainement captée par le monde imaginaire qui lui est présenté et qui suscite chez lui tant d'intérêt, d'émotions, de magie. Ce n'est pas pour rien que les enfants en redemandent toujours : « Encore ! »

À quel âge peut-on commencer à leur raconter des histoires ?

Il est prouvé que la lecture a des effets bénéfiques chez les enfants dès l'âge de 3 mois. Il est si plaisant d'écouter papa ou maman raconter une histoire, d'entendre sa voix si réconfortante et stimulante... D'ailleurs, on remarque très tôt la curiosité que les enfants démontrent à la découverte des livres-objets, livres de bain, livres-hochets ou ce qu'on appelle aussi les « bébés-livres », qui sont remplis de couleurs, de textures et de formes stimulantes. Les parents peuvent donc profiter de cette fascination pour commencer à leur raconter des histoires très jeunes, même à partir de 3 ou 6 mois.

En fait, plus vite l'enfant est sensibilisé ou mis en contact avec des livres, plus il percevra ces derniers comme des objets parmi ses jouets qu'il voudra découvrir tout autant.

Puis, vers l'âge de 8 à 10 mois, notre enfant commencera à percevoir le sens de certains mots, nous donnant ainsi l'occasion d'introduire les livres de mots (imagiers) qui montrent des objets si faciles à reconnaître (chien, chat, table)... Ces livres, combinés avec quelques livres d'histoires très courtes (quelques lignes de texte par page), sont d'excellents moyens de lui faire découvrir le monde qui l'entoure et de stimuler sa perception visuelle et auditive ainsi que sa capacité d'attention et de raisonnement.

La lecture à notre enfant est donc une activité qui peut être introduite très tôt dans le quotidien de notre enfant et être entretenue pour bien des années (c'est même souhaitable)... même lorsque notre enfant sait lire ! Ce sont des moments qu'il appréciera toujours et qui susciteront ou entretiendront en plus le goût de la lecture.

Quels sont les bienfaits de la lecture aux enfants ?

Les bienfaits de la lecture dès les premiers mois de l'enfant ne sont donc plus à prouver. C'est une activité simple qui peut être introduite dans la routine quotidienne de l'enfant. Ces moments privilégiés entre parent et enfant deviennent une source d'éveil et de stimulation, et ce, dans un climat de détente et de réconfort si agréable.

L'importance de la lecture se situe donc à plusieurs niveaux :

Développement personnel

Les livres d'images et les histoires courtes contées à nos tout-petits constituent un autre moyen pour eux de découvrir le monde qui les entoure et de façonner leur propre identité dans cet environnement.

Les histoires peuvent être un moyen de passer certains messages ou peuvent refléter certains sentiments, émotions ou défis que l'enfant vit dans son quotidien, l'aidant ainsi à surmonter les épreuves : arrivée d'un petit frère ou d'une petite sœur, entrée à la garderie, entraînement à la propreté, peur des monstres... L'enfant se reconnaît à travers les différents personnages présentés et s'identifie à eux, ce qui lui permet de comprendre et de ressentir différentes émotions, peurs, craintes...

Les histoires permettent également aux enfants de construire leur monde imaginaire, dans lequel ils puisent les éléments qui serviront à façonner leur propre identité. L'enfant s'identifie alors aux différents personnages ou héros, qu'il prend un malin plaisir à personnifier, à imiter : « Je suis un chevalier », « Je suis une princesse »...

Développement intellectuel

La lecture est non seulement une activité agréable, mais elle constitue un moyen d'apprentissage exceptionnel. La lecture faite à nos enfants devient une source de motivation et elle présente de nombreux avantages pour le développement de l'enfant en permettant :

* de stimuler sa perception visuelle et auditive ;
* de stimuler sa capacité d'attention ;
* de favoriser l'acquisition du langage (parler plus tôt et mieux) ;
* d'apprendre à écouter ;
* de favoriser sa capacité de raisonnement et de compréhension ;
* d'enrichir son vocabulaire ;
* de développer sa créativité, son imagination ;
* de réaliser, en bas âge, que la lecture se fait de gauche à droite !

Commencer tôt à lire à votre enfant favorisera évidemment l'acquisition du langage et, plus tard, l'apprentissage de la lecture et de l'écriture.

Développement affectif

Au-delà de tout l'aspect développement et apprentissage, la lecture permet de créer un moment de complicité et de réconfort parent-enfant intéressant (on est près de lui, couché à côté de lui). Si elle est intégrée quotidiennement dans la routine de l'enfant (après le bain, avant le dodo), la lecture devient un bon moyen de créer/entretenir le lien d'attachement si important pour tous les enfants de cet âge (voir chapitre sur le lien d'attachement, page 41).

La lecture permet donc de développer cette relation affective avec notre enfant en lui accordant régulièrement ces petits moments privilégiés qu'il adore tant !

Développer le goût de la lecture : un gage de réussite scolaire

Lorsqu'elle est faite dans un contexte agréable (dans un endroit paisible ou au lit), la lecture devient une activité plaisante pour l'enfant. L'enfant qui associe très tôt la lecture à quelque chose d'agréable développe naturellement une attirance pour les livres et sera, plus tard, intéressé (ou, du moins, ne sera pas rébarbatif) à toute activité qui y sera associée... dont l'école !

De plus, il est prouvé que la lecture en bas âge favorisera l'apprentissage de la lecture et de l'écriture et permettra à l'enfant d'être plus confiant lorsqu'il se retrouvera devant les différents livres utilisés à l'école... Voilà donc un gage de réussite dans l'avenir !

Les bienfaits de la lecture à l'enfant sont multiples et se situent à plusieurs niveaux de son développement. Il serait dommage de le priver non seulement d'une source d'éveil et de stimulation si importante, mais aussi d'une belle occasion de passer de si bons moments avec papa ou maman !

Dois-je intégrer la lecture à la routine quotidienne ?

Cela va de soi : les bénéfices de la lecture faite à notre enfant seront significatifs dans la mesure où elle devient une activité pratiquée de façon régulière. De plus, l'enfant qui acquiert cette habitude en bas âge risque fort de la conserver par la suite (habitude de lire avant de se coucher...).

Il est parfois difficile pour les parents d'avoir le temps ou l'énergie de faire la lecture sur une base régulière. Cela demande un minimum de discipline et d'efforts, ce qui n'est pas toujours évident après de longues journées de travail ! Il est en revanche reconnu que la meilleure façon d'y parvenir est de l'incorporer dans la « routine du dodo ». C'est un moment de la journée associé au repos, à la détente, et qui nous demande de toute façon un minimum d'accompagnement. Pourquoi ne pas ajouter quelques minutes de lecture à ce petit rituel ?

On profite donc de ce petit moment d'intimité et de confort pour se faire une petite place près de notre enfant et partager, au fil des pages, ces quelques minutes de bonheur qui terminent si bien une journée et qui resteront gravées dans notre mémoire !

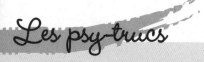

Les psy-trucs

1. Introduire les livres en très bas âge, dès 3 ou 6 mois (les « bébés-livres », etc.).

2. Introduire les livres d'images dès 8 ou 10 mois : les enfants adorent revoir les images et les nommer à répétition.

3. Susciter l'intérêt de l'enfant : utiliser des histoires simples, courtes (quelques lignes de texte par page) et remplies de belles images.

4. Ne pas hésiter à relire plusieurs fois la même histoire : les enfants adorent la répétition et aiment prévoir la suite !

5. Intégrer la lecture *dans la routine quotidienne* (au dodo, par exemple).

Ne me tape pas !

Les questions que tout parent se pose :

* **Est-ce normal d'avoir parfois envie de les taper ?**
* **Quelles sont les conséquences de la fessée ?**
* **De quelle façon doit-on intervenir ?**
* **Comment éviter les situations de crise ?**

On a tous eu, un jour ou l'autre comme parent, envie de donner une tape à notre enfant. Cette réaction devant une situation qui devient subitement hors contrôle est très controversée et représente un geste dont la valeur éducative reste à prouver.

Est-ce normal d'avoir parfois envie de les taper ?

Il ne faut pas se le cacher : même si la fessée est une pratique considérée de plus en plus comme archaïque, bien des parents se laissent emporter par cette claque « qui est partie toute seule » ou ont parfois envie d'utiliser ce moyen devant une situation qui leur est devenue difficile à maîtriser. Devant un comportement inadmissible ou dérangeant de l'enfant, certains parents deviennent exaspérés, ne savent plus comment réagir ou intervenir, se sentent impuissants et finissent par céder à la colère. Bien que la situation soit compréhensible, le geste, lui, demeure injustifié.

La fessée représente une perte de contrôle du parent ou une intervention extrême causée par un manque flagrant de solutions autres. Elle est également utilisée comme « moyen » de communiquer à l'enfant son désaccord devant un comportement inadéquat (lorsqu'on a l'impression que c'est la seule façon de se faire comprendre !). Bref, la fessée ou la claque devient un moyen de régler ou de pallier un problème du parent, que ce soit sur le plan de l'intervention ou de la communication !

Quelles sont les conséquences de la fessée ?

Cette technique de punition peut nous sembler «efficace»…, mais elle ne l'est qu'à *très court terme*. L'enfant ayant peur de nous va soudainement (et souvent momentanément !) nous obéir et exécuter ce qu'on lui demande, mais les conséquences affectives peuvent être importantes. En fait, la fessée «soulage» la personne qui la donne, mais le geste n'est certainement pas bénéfique pour celui qui la reçoit.

Un enfant a besoin d'une relation parent-enfant basée sur le respect et l'amour afin de se développer adéquatement. Lorsqu'on le tape, on lui envoie un message contradictoire : «Je t'aime, mais j'utilise des gestes de violence pour t'aider à grandir.» L'enfant pourra donc conclure que ce geste est une façon comme une autre de démontrer son désaccord ou son insatisfaction aux autres, même à ceux qu'il aime. Pas surprenant qu'il voudra taper ses amis, son frère ou sa sœur !

La fessée représente également un geste très humiliant pour l'enfant, un geste qui porte atteinte directement à son estime de soi tout en brisant le lien de respect et de confiance avec le parent.

De plus, si ce moyen d'intervention est utilisé trop souvent, l'enfant risque de développer des problèmes plus importants pouvant avoir un impact sur son développement :

* crainte de faire des bêtises ;
* peur d'entreprendre quelque chose, de prendre des risques ;
* tendance à se refermer sur soi-même (socialisation affectée) ;
* angoisse, anxiété, stress ;
* refoulement des émotions ;
* agressivité.

En fait, plusieurs études établissent un lien entre les fessées et le caractère violent ou antisocial de certains enfants.

Bref, ce n'est sûrement pas un bon investissement affectif pour le futur de notre enfant.

De quelle façon doit-on intervenir ?

Il faut d'abord comprendre et accepter que l'éducation de nos enfants demande du temps, de l'énergie et de la patience. Il faut répéter quotidiennement les mêmes choses pour que notre enfant puisse les assimiler et la colère ou la fessée n'aideront certainement pas l'enfant à les intégrer plus rapidement.

Il faut également réaliser que bien des réactions excessives pourraient être évitées si les parents se donnaient plus de temps pour compléter leur intervention auprès de l'enfant, au lieu de passer en vitesse à la solution rapide et brutale. Il y a bien sûr d'autres moyens de réagir devant les comportements exaspérants ou les crises de notre enfant

* En très bas âge (6 à 12 mois), il s'agit de faire distraction (l'éloigner de l'endroit interdit ou lui présenter un nouveau jouet). Rien ne sert de punir l'enfant. Il a besoin d'explorer pour se développer.
* De 1 à 2 ans, l'enfant développe son langage. Privilégier les mots aux gestes de violence. L'enfant comprendra ce que vous attendez de lui et il apprendra, par votre exemple, à exprimer ses émotions plutôt qu'à les manifester par la violence.
* Pour les enfants plus âgés (2 à 3 ans), on peut utiliser une chaise de réflexion pour une minute ou deux le temps que l'enfant se calme. Rien ne sert de l'y laisser trop longtemps ; le but est uniquement de le calmer pour être capable par la suite de lui expliquer ce que l'on attend de lui (ranger ses jouets, par exemple).

Bref, il faut prendre du recul devant une situation qui devient « hors contrôle » afin d'éviter les réactions impulsives et ne pas oublier que notre enfant est en phase d'apprentissage, ce qui nécessite de la patience, de la compréhension et de l'affection.

Un enfant peut nous obéir parce qu'il a peur, mais il vaut mieux qu'il nous obéisse parce qu'il nous respecte et nous fait confiance.

Comment éviter les situations de crise ?

La *constance* et la *fermeté* sont les deux éléments de base dans toute intervention auprès des enfants et qui nous permettent d'exercer une autorité claire... sans brutalité.

Voici la loi des 4 C que nous devons toujours appliquer dans nos interventions auprès de nos enfants afin de modifier les comportements indésirables:

* *Claires:* Les règles de vie à la maison doivent être clairement expliquées à notre enfant (ce qui est permis et ce qui est interdit).
* *Concrètes:* Les règles doivent être concrètes pour que le jeune enfant puisse les comprendre. Par exemple: «Tu manges à la table en tout temps.»
* *Constantes:* Probablement un des principes les plus difficiles à appliquer. Les règles ne doivent pas changer selon l'humeur des adultes ou selon le parent. Constance veut dire fermeté. La constance est sécurisante pour l'enfant, cela lui permet de prévoir les réactions de ses parents.
* *Cohérentes:* Les parents sont des modèles pour leur enfant. Il faut donc qu'ils respectent eux aussi les règles de vie mises en place à la maison (par exemple, le respect, la politesse, etc.).

Les psy-trucs

1. Ne jamais utiliser la fessée comme moyen d'intervention: c'est un aveu de sa propre incapacité, comme parent, à intervenir.

2. Réaliser que la fessée est un geste humiliant pour l'enfant qui nuit à son estime de soi et à sa confiance envers le parent.

3. L'apprentissage d'un enfant demande de la patience et répéter est tout à fait normal.

4. Devant une situation exaspérante ou qui devient hors contrôle, prendre du recul afin d'éviter des réactions impulsives.

5. Faire preuve de constance et de fermeté en tout temps lors des interventions: cela évite bien des situations de crise!

« Je veux jouer tout seul ! »

La socialisation

Les questions que tout parent se pose :

* **Qu'est-ce que la socialisation ?**
* **À quel âge débute la socialisation ?**
* **Comment puis-je aider à la socialisation de mon enfant ?**

À la garderie, votre enfant n'interagit pas avec les autres, ne veut pas leur parler, joue seul, reste même à l'écart du groupe d'amis ? Il a tendance à ne s'adresser qu'aux adultes et recherche même leur compagnie ? Normal ! Il n'a peut-être pas complété sa phase de socialisation...

Qu'est-ce que la socialisation ?

La socialisation est l'apprentissage des règles, des coutumes et des valeurs qui permettra une intégration harmonieuse dans la société. C'est ce qui permet entre autres à un enfant, un adolescent, puis à un adulte d'entrer facilement en relation avec les autres, d'avoir des amis. On parle souvent d'enfants « sociables ».

Les parents ont un rôle important à jouer dans le processus de socialisation de l'enfant qui comporte deux principaux volets : l'éducation ainsi que la personnalité ou maturité affective de l'enfant.

Éducation

La socialisation d'un enfant consiste entre autres à acquérir les habiletés sociales de base : dire s'il vous plaît et merci, attendre son tour, apprendre à se moucher (ne pas s'essuyer avec sa manche !), s'excuser... bref, les règles de politesse et d'hygiène qui permettront à l'enfant de bien s'intégrer dans un groupe, d'éviter le rejet. Les parents jouent donc un rôle important dans l'acquisition de ces comportements qui se feront dans le quotidien, et ce, dès le bas âge.

Personnalité/maturité affective

Bien que l'enfant ait acquis une bonne éducation, il est possible que son tempérament, sa maturité ou son mode de vie ne lui permettent pas d'établir des relations sociales adéquates ou de s'ouvrir aux autres. Les enfants surprotégés, timides, anxieux ou n'ayant pas eu de nombreux contacts avec des amis peuvent éprouver de la difficulté à socialiser.

À quel âge débute la socialisation ?

La socialisation est un apprentissage qui s'effectue *graduellement* de 1 à 6 ans et qui peut commencer à prendre forme à partir d'environ 3 ans, alors que l'enfant va quitter sa phase égocentrique et entrer plus fréquemment en relation sociale avec ses pairs (complicité dans les jeux, etc.).

En fait, cette capacité dépend du stade de développement de l'enfant.

Jeux individuels

En bas âge (o à 18 mois), l'enfant préfère jouer seul : on parle de jeux individuels. L'enfant va manipuler ses jouets, les porter à sa bouche sans jamais tenir compte de l'autre enfant qui se trouve près de lui. Il ne ressent pas le besoin ni l'envie d'entrer en relation.

Jeux parallèles

Vers l'âge de 2 ans arrive le jeu parallèle. Les enfants vont jouer côte à côte, s'imiter mutuellement, mais ils n'élaborent pas de jeu *ensemble*. À cet âge, l'enfant demeure encore très centré sur lui-même (phase égocentrique). Il apprécie la compagnie des autres enfants simplement par intérêt de les imiter et de s'identifier à eux.

Le jeu parallèle marque vraiment le début d'une socialisation en dehors du milieu familial. La garderie devient par conséquent un lieu de prédilection pour s'ouvrir aux autres, les observer, les imiter, bref, parfaire ses compétences sociales.

Jeux d'imitation

On devra attendre vers l'âge de 3 ans avant de voir apparaître les jeux d'imitation et de coopération. La majorité des enfants de cet âge commenceront à ressentir l'intérêt ou le besoin d'entrer en relation avec les autres et de s'inventer des jeux ensemble (jeux de rôles, jeux de société, jeux d'équipe...).

Les débuts de la socialisation se font donc sentir vers l'âge de 3 ans. Il ne faut pas s'inquiéter si notre enfant n'a pas ou peu d'interaction avec ses amis de la garderie !

Comment puis-je aider à la socialisation de mon enfant ?

Il est important de réaliser que cette socialisation n'est pas innée ; l'enfant a besoin d'aide pour devenir habile socialement. Voici quelques pistes pouvant contribuer positivement à ce processus :

* *Assurer une bonne éducation :* Exiger en tout temps que l'enfant utilise les formules de politesse de base (dire bonjour aux gens, au revoir, merci et s'il vous plaît, s'excuser). Ces comportements peuvent être appris dès le moment où l'enfant commence à utiliser le langage (vers 1 an).

* *Enseigner les salutations de base :* Lui apprendre plus spécifiquement *à dire bonjour, à saluer les autres.* C'est la base, l'élément clé de toute socialisation. Les salutations sont le commencement de toute interaction sociale. Un enfant qui ne répond pas aux autres ou refuse de saluer se ferme sérieusement à tout contact social.

* *Jouer avec son enfant :* Ou du moins, l'observer lorsqu'il joue. Par le jeu, on sera en mesure de voir sa capacité d'être à l'écoute des autres, d'attendre son tour, de partager. On aura également l'occasion de voir les comportements indésirables, qu'on pourra alors corriger avec lui. On aura donc la possibilité de l'aider à acquérir certaines compétences sociales... tout en jouant !

✳ *Être un modèle :* Il ne faut pas oublier que le premier lieu de socialisation d'un enfant demeure son milieu familial. On se doit donc d'être de bons modèles, en invitant soi-même ses amis, en demeurant ouvert aux autres, en favorisant les activités sociales, en respectant les règles sociales...

✳ *Favoriser les contacts sociaux :* Plus l'enfant sera en contact avec des amis de son âge, plus il aura l'occasion d'améliorer ses habiletés sociales. Les parents peuvent par exemple inscrire leur enfant à la garderie ou au jardin d'enfants, le faire participer à des activités sportives ou à des loisirs (natation, bricolage...). Inviter les amis à la maison constitue également un excellent moyen de favoriser la socialisation.

✳ *Créer un bon lien d'attachement :* Un lien affectif parent-enfant sécurisant procure la confiance nécessaire à une bonne sociabilité. Ces liens sécurisants développent une bonne estime de soi permettant à l'enfant d'établir de bonnes relations avec les autres.

✳ *Éviter la surprotection :* Une relation fusionnelle empêche l'enfant de s'ouvrir aux autres. La surprotection donne à l'enfant l'impression qu'il ne peut régler ses conflits ou trouver des solutions à ses petits problèmes sans la présence des parents. Il n'a pas l'occasion de développer son autonomie et sa maturité affective essentielles à la socialisation et, par conséquent, a tendance à éviter les contacts sociaux.

✳ *Être prudent dans le cas d'un enfant unique :* Les parents d'enfants uniques doivent être particulièrement vigilants afin que l'absence de frères et sœurs ne pousse pas leur enfant à se replier sur lui-même ou à développer une dépendance excessive à leur égard.

✳ *Éviter de mettre l'enfant trop hâtivement à la garderie, au nom de la socialisation,* surtout s'il est dans sa période d'anxiété de séparation (voir page 177). Une séparation trop brusque peut entraver l'acquisition de sa maturité affective, ce qui peut nuire à la socialisation.

« Je veux jouer tout seul ! »

La socialisation de notre enfant est une étape importante dans la construction de son identité et de son estime de soi. Elle conditionne la façon avec laquelle il réussira, plus tard, à s'intégrer à la société et à établir des relations sociales adéquates, même adulte !

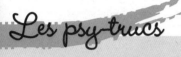

Les psy-trucs

1. Inculquer tôt à l'enfant les règles de politesse et les règles sociales (dire merci et s'il vous plaît, attendre son tour, etc.), comportements nécessaires à une bonne intégration sociale.

2. Habituer l'enfant à dire bonjour ou à saluer les autres : c'est l'élément clé qui ouvre la voie aux contacts sociaux.

3. Favoriser les rencontres avec des amis (inscription à une garderie, invitation d'amis à la maison, participation à des activités sportives, des loisirs...).

4. Éviter la surprotection qui empêche l'enfant d'avoir la maturité nécessaire ou la capacité de s'ouvrir aux autres.

5. Être soi-même, comme parent, un modèle de sociabilité pour les enfants !

Bibliographie

* *Le père et son enfant,* par F. Dodson, Marabout.

* *La propreté,* par Emmanuelle Rigon, Bayard.

* *Pleurs et colères des enfants et des bébés,* par Aletha Solter, Jouvence.

* *Bébé pleure,* par Marcel Rufo, Hachette.

* *Bébé dort bien,* par Marcel Rufo, Hachette.

* *Fais dodo,* par Mandy Gurney et Tracey Marshall, Hurtubise.

* *Le sommeil de votre enfant,* par Anne Bacus, Marabout.

* *Bébé fait ses nuits,* par Dr Cathryn Tobin, Éditions de l'Homme.

* *Le sommeil chez l'enfant,* par Bonny Reichert, Caractère.

* *Et si on jouait?,* par Francine Ferland, CHU Sainte-Justine.

* *Savoir dire aux enfants,* par Robert Langis, Éditions Quebecor.

* *Petit livre à l'usage des pères,* par Christiane Olivier, Fayard.

* *Lorsque l'enfant paraît* (3 tomes), par Françoise Dolto, Seuil.

Table des matières

Suivez les Éditions de l'Homme sur le Web

Consultez notre site Internet et inscrivez-vous à l'infolettre pour rester informé
en tout temps de nos publications et de nos concours en ligne. Et croisez aussi
vos auteurs préférés et l'équipe des Éditions de l'Homme sur nos blogues!

EDITIONS-HOMME.COM

Achevé d'imprimer au Canada
sur papier Enviro 100% recyclé
sur les presses de Imprimerie Lebonfon Inc.